FACULTÉ DE DROIT DE L'UNIVERSITÉ DE PARIS

L'INFLUENCE DE LA GUERRE EUROPÉENNE SUR LA CRIMINALITÉ

THÈSE POUR LE DOCTORAT

Présentée et soutenue le vendredi 11 juin 1926, à 3 heures

PAR

Panagiote YOCAS

Président : M. DONNEDIEU DE VABRES, *professeur*

Suffragants : MM. HUGUENEY, *professeur*
DEMOGUE, *professeur*

PARIS
JOUVE & Cie, ÉDITEURS
15, RUE RACINE, 15

1926

THÈSE

POUR

LE DOCTORAT

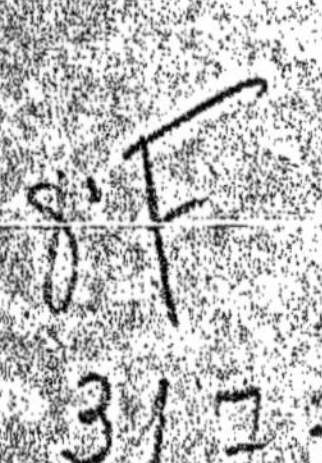

La Faculté n'entend donner aucune approbation ni improbation aux opinions émises dans les thèses ; ces opinions doivent être considérées comme propres à leurs auteurs.

FACULTÉ DE DROIT DE L'UNIVERSITÉ DE PARIS

L'INFLUENCE DE LA GUERRE EUROPÉENNE SUR LA CRIMINALITÉ

THÈSE POUR LE DOCTORAT

Présentée et soutenue le vendredi 11 juin 1926, à 3 heures

PAR

Panagiote YOCAS

Président : M. DONNEDIEU DE VABRES, *professeur*

Suffragants : MM. HUGUENEY, *professeur*
DEMOGUE, *professeur*

PARIS
JOUVE & Cie, ÉDITEURS
15, RUE RACINE, 15

1926

A MES CHERS PARENTS

Hommage filial.

L'INFLUENCE DE LA GUERRE EUROPÉENNE
SUR LA CRIMINALITÉ

INTRODUCTION

La guerre européenne, ce grand bouleversement qui a affecté la plus grande partie de notre planète, a profondément modifié les conditions politiques, économiques et sociales de presque tous les pays. Il n'est pas une chose dont on puisse parler sans dire le mot, devenu classique: « depuis la guerre ».

Ce changement profond dans les conditions de la vie des individus et des pays, n'a-t-il pas exercé une influence sur le grand problème social qu'est la criminalité ?

Depuis qu'il a été démontré par l'école sociologique que le facteur social joue un rôle très important, pour ne pas dire qu'il est l'unique, dans la genèse du crime, la guerre est considérée comme une puissance très influente sur la recrudescence du crime, car la guerre, n'étant en elle-même qu'un crime de grande envergure, elle crée des conditions économiques, sociales et morales très favorables au crime. « Rien de plus immoralisant que la guerre » écrit G. Tarde (1) le grand criminaliste philosophe. Et prenant des exemples de l'histoire, il affirme, que toutes les guerres ont toujours été suivies d'un accroissement énorme de la criminalité. Voici le résultat de la guerre mérovingienne, d'après l'auteur : « Recrudescense extraordinaire des crimes de sang — et des plus monstrueux fraticides, paricides qui n'ont l'air ni de scandaliser, ni de surprendre l'historien ecclésiastique, — et débordement des viols des rapines, des perfidies. Une telle coïncidence est la caractéristique des périodes bouleversées. La renaissance italienne a donné un spectacle analogue. » Et il dit que de pareilles conséquences ont suivi la guerre de Cent ans et les guerres religieuses.

Nul doute que la guerre exerce une influence sur la criminalité. Et il est très intéressant de connaître quelle a été l'influence de la grande guerre sur cette chronique maladie sociale, la criminalité. L'a-t-elle aggravée ou améliorée ? Et, à quel point ? Quels sont les délits qui ont augmenté depuis la guerre ? N'y a-t-il pas certains d'entre eux qui au lieu d'augmenter, ont au contraire diminué ? Sur quelles catégories de criminels la guerre a le plus exercé son influence néfaste ? Quelles sont les causes — dans la possibilité de les découvrir — que

1. Gabriel Tarde, *La criminalité comparée*, p. 22, 2e édition.

la guerre a mises en œuvre en faveur ou en défaveur de la criminalité ? Voilà le sujet de notre étude.

Mais pour être intéressante et utile, cette étude est aussi immense. Il est en effet très difficile de découvrir parmi l'infini des causes qui déterminent le crime, quelles sont celles que la guerre a mises en œuvre et quelle a été leur influence. C'est pourquoi nous ne prétendons pas faire une étude d'étiologie criminelle sur la guerre, comme facteur du crime, mais simplement mettre en lumière les conséquences qui ont résulté de celle-ci en matière de criminalité et quelles sont en l'espèce les causes qui les ont déterminées.

Parmi les différentes méthodes qui se prêtent aux études criminologiques, nous emploierons la méthode statistique comme pouvant mieux nous donner une idée de l'ensemble du mouvement de la criminalité dans les divers pays, que nous allons étudier, et comme se basant sur des données plus concrètes.

On a trop dit de mal sur la foi à prêter aux données statistiques ; on n'a même pas craint de dire, que la statistique est le pire moyen de mentir. Mais aujourd'hui, tout le monde reconnaît leur utilité. La statistique criminelle contient une vérité relative, d'autant moins relative que l'on tient compte de plus d'éléments extérieurs, qui modifient d'une façon ou d'une autre la portée des divers chiffres.

D'autre part, il n'en faut pas trop demander à la statistique. Elle ne fournit que des données quantitatives et celles-ci pas avec une rigoureuse exactitude. Mais d'une part, les erreurs portant sur les grands chiffres se corrigent les unes les autres, et d'autre part, on peut tirer des conclusions qualitatives par la distinction du degré des diverses infractions. D'ailleurs, c'est la quantité des délits et des délinquants qui intéresse le plus.

C'est donc sur les statistiques des divers pays que nous baserons notre étude en nous efforçant de tenir compte des éléments divers en dehors des statistiques qui les complètent et facilitent leur exacte interprétation.

L'échange des statistiques criminelles entre les divers pays étant interrompu par la guerre, il nous a été impossible de nous procurer les statistiques de tous les pays qui prirent part à la guerre. C'est pourquoi nous ne sommes en mesure d'étudier un peu longuement que la criminalité en France, en Italie et en Belgique et de ne consacrer pour les autres pays que des observations succinctes d'après les renseignements que nous avons pu recueillir.

Nous ne pouvons fermer cette introduction sans rendre un hommage reconnaissant à M. Brochet, chef de la statistique française et à ses attachés, ainsi qu'à M. J. Gillard, directeur au Ministère de la Justice de la Belgique pour les facilités qu'ils nous ont données pour nos recherches statistiques.

CHAPITRE PREMIER

LA CRIMINALITÉ EN FRANCE DEPUIS LA GUERRE

La statistique criminelle française, (Compte général de l'administration de la justice criminelle) n'a pu être dressée pendant les années de guerre, de 1914 à 1918. Il y a cependant dans la statistique de 1919 un rapport très important de M. le Garde des Sceaux, qui nous donne des renseignements généraux sur la criminalité de ces années. Ces renseignements sont très incomplets, à cause des difficultés présentées par la guerre pour leur rassemblement, et d'après l'affirmation même de M. le Garde des Sceaux ils ne peuvent pas servir à des conclusions exactes. Cependant nous nous en servirons d'une part pour donner une idée générale sur la marche de la criminalité pendant la guerre et d'autre part nous ne retiendrons que les faits les plus saillants, lesquels, même s'ils sont incomplets, contiennent des vérités incontestables, — comme par exemple l'accroissement de la délictuosité féminine et des mineurs — et se confirment par les statistiques des années qui ont suivi la guerre.

I. — MOUVEMENT GÉNÉRAL DES AFFAIRES

Prenant pour base de comparaison l'année 1913, année normale au point de vue de la criminalité, nous arrivons à dresser le tableau suivant sur le mouvement général des affaires, dont les parquets sont saisis.

ANNÉE	Plaintes, dénonciations et procès-verbaux dont les parquets sont saisis	POPULATION
1913	591.612	Recensement de 1911 39.604.982 habitants
1914	402.161	
1915	316.523	
1916	347.348	
1917	390.014	Recensement de 1921 39.209.769 habitants
1918	460.502	
1919	526 395	
1920	604.468	

En ne prenant en considération que les chiffres absolus du tableau, nous dirions que le nombre des affaires a baissé pendant la guerre. En effet pendant les premières années le nombre descend à la moitié d'avant guerre mais depuis commence à remonter pour dépasser en 1920 le nombre des affaires d'avant guerre de 13.000 environ. Mais il y a plusieurs raisons qui nous empêchent de tirer une conclusion si rapide et de toute façon inexacte. Comme nous avons dit plus haut les chiffres des années de guerre sont très au-dessous de la réalité et cela pour plusieurs raisons :

1° Pour les années 1914 à 1918 manquent les éléments statistiques de 17 arrondissements du Nord envahis par l'ennemi (Laon, Saint-Quentin, Vervins, Péronne, Avesnes, Cambrai, Douai, Lille, etc.).

2° La population masculine des âges qui forment le plus grand contingent de criminalité, se trouvait pendant cette période sous les drapeaux et par conséquent elle était justiciable des conseils de guerre.

3° Pendant la même période toute la France était mise en état de siège, et cela a donné compétence à la juridiction militaire pour un assez grand nombre de crimes et de délits, commis par des civils.

4° D'après l'affirmation de M. le Garde des Sceaux la répression n'a pu s'exercer pendant cette période que très irrégulièrement. L'illustre professeur E. Garçon dans un article (1) sur la criminalité pendant la guerre dit que : « la répression n'a pu s'exercer que dans des conditions les plus difficiles, la mobilisation ayant désorganisé tous les services depuis les parquets jusqu'à la gendarmerie ». Si l'on ajoute les autres causes qui ont entravé l'œuvre de la justice, comme le déplacement brusque de la population voisine de la frontière, fait qui a empêché le dépôt d'un grand nombre de plaintes, on voit que les chiffres ci-dessus sont bien au-dessous de la réalité. Quant

1. E. Garçon, *La criminalité pendant la guerre* (*Journal des Débats* du 6 mai 1921).

à la population elle a diminué pendant la guerre, mais après, elle a été complétée par la population des régions libérées de l'Alsace-Lorraine. De 39.604.982 qu'était le nombre des habitants en 1911, il est descendu à 39.209.766 (Alsace-Lorraine comprise) c'est-à-dire une différence de 400.000 habitants qui ne peut pas influencer les gros chiffres.

Pour les raisons que nous venons d'énumérer nous ne pouvons nous servir comme chiffres de comparaison que de ceux des années 1919 et 1920 et encore pour l'année 1919 il faut noter d'une part, que les entraves au bon fonctionnement de la justice répressive n'ont pas totalement disparu et d'autre part, que la loi d'amnistie du 23 octobre 1919 a eu pour effet d'arrêter les poursuites de nombreux délits.

Donc, le nombre des affaires a augmenté de 13.000 unités environ en 1920. Mais cette augmentation n'a pas à nous inquiéter, parce qu'elle est insignifiante et beaucoup inférieure à la quantité des délits temporaires créés par les nécessités de la guerre, comme les délits de ravitaillement et de la prohibition des importations et exportations, qui n'ont pas disparu aussitôt après la guerre. Si nous prenons ce fait en considération, il résulte non pas une augmentation, mais bien au contraire une légère diminution. La proportion des affaires classées sans suite n'a pas beaucoup varié, même pendant la guerre, ce qui est à l'honneur de la magistrature. La proportion était la suivante :

1913	1914	1915	1916	1917	1918	1919	1920
54 o/o	54 o/o	57 o/o	55 o/o	56,5 o/o	57,8 o/o	56 o/o	52 o/o

Si nous prenons en considération que, la loi d'amnistie de 1919 a eu pour effet le classement d'un grand nombre d'affaires, nous voyons que le pourcentage a diminué de quelques unités après la guerre.

Donc, quant au mouvement général des affaires nous n'avons à observer aucun changement important, sinon une légère diminution. Nous laissons maintenant les généralités pour entrer dans les détails qui sont beaucoup plus instructifs et concrets.

Nous examinerons successivement les affaires criminelles et les affaires correctionnelles, laissant de côté les affaires de simple police, lesquelles varient suivant le zèle montré par la police. Après nous étudierons particulièrement la délictuosité de certaines catégories de criminels, très intéressantes, de la catégorie des femmes et de celle des mineurs.

II. — MOUVEMENT DE LA CRIMINALITÉ EN MATIÈRE DE CRIMES

Le nombre des affaires jugées par les cours d'assises pendant la période, qui nous intéresse, a varié ainsi qu'il suit :

ANNÉE	Nombre total des affaires	CRIMES contre les personnes	Proportion pour cent	CRIMES contre les propriétés	Proportion pour cent
1913	2.152	1.344	63	808	37
1914	1.636	1.028	63	608	37
1915	918	604	66	314	34
1916	1.123	813	73	310	27
1917	1.127	780	70	347	30
1918	1.187	807	68	380	32
1919	1.216	837	69	379	31
1920	2.081	1.472	71	609	29

Il résulte de ce tableau, que le nombre des crimes a beaucoup diminué pendant la guerre et cette diminution persiste même pour les années d'après-guerre, quoique très atténuée pour l'année 1920. Est-ce donc que la guerre, au lieu de déterminer un accroissement de criminalité a, au contraire, déterminé une diminution ? En ne prenant en considération que les chiffres absolus du tableau, on devrait répondre affirmativement. Mais cette réponse serait très loin de la vérité.

Tout d'abord les chiffres des années de guerre et même de l'année 1919, ne peuvent nous servir à aucune conclusion, parce que leur diminution est due aux causes de guerre, qui ont entravé le bon fonctionnement de la justice. M. Garçon dans son article, précité, dit que « s'il est vrai que Landru a fait disparaître une douzaine de femmes, tous ces assassinats sont restés ignorés, lorsqu'ils ont été commis ! A plus forte raison les chiffres donnés pendant la guerre doivent être soupçonnés ». Donc, nous ne pouvons comparer que les chiffres de 1913 et 1920. De ces chiffres il résulte que, d'une part les crimes contre les personnes ont sensiblement augmenté, d'autre part les crimes contre les propriétés ont beaucoup diminué.

Mais pour ces derniers crimes il y a une observation, très intéressante, à faire. Nous voyons dans le tableau que leur pourcentage a baissé de 37 à 29 et cette baisse ne paraît pas fortuite, puisqu'elle est continue et constante. N'y a-t-il pas une cause autre que la diminution réelle, qui crée cette apparence ? En effet nous le pensons, et cette cause est la correctionnalisation des crimes, qui entre de plus en plus dans les habitudes des parquets. La meilleure preuve qu'on en puisse donner, c'est que ce sont les crimes contre les propriétés qui accusent une diminution, et ces crimes sont les plus susceptibles de correctionnalisation. Comment admettre que les vols ont diminué, alors que, comme nous verrons plus loin, en traitant des délits, les vols correctionnels ont beaucoup augmenté ? N'est-il pas plus logique de penser qu'un certain nombre de ces crimes, déclassés de leur rang, est venu grossir le nombre des vols correctionnels ?

Nous croyons que c'est cette interprétation que nous devons donner à cette diminution apparente des crimes contre les propriétés, et pour confirmer cette interprétation nous citons un passage de G. Tarde qui s'applique bien dans notre cas. « Les parquets ont l'habitude louable de négliger volontairement de relever certaines circonstances, telles que l'effraction ou l'escalade, qui accompagnent des vols de faible importance (1). » Pour cette raison nous ne devons pas conclure à une diminution des crimes, puisque, d'une part, les crimes contre les personnes, qui ne sont pas susceptibles de correctionnalisation, qu'en très rare exception, ont augmenté, et d'autre part les crimes contre les propriétés ont été correctionnalisés.

Nous passons maintenant à l'analyse du tableau ci-dessous ce qui nous montrera la marche des crimes les plus importants. Nous prenons d'abord les crimes contre les personnes.

Voici le mouvement des principaux d'entre eux.

Nature des accusations	1913	1914	1915	1916	1917	1918	1919	1920
Assassinats	193	168	59	69	83	95	103	159
Meurtres	283	254	113	122	149	180	192	296
Infanticides	92	67	80	138	130	129	125	178
Coups et blessures suivis de mort sans intention de la donner	136	84	47	83	61	81	80	156
Coups et blessures graves	34	20	13	18	14	10	20	26
Viols et attentats à la pudeur sur des adultes	52	34	23	27	19	17	15	14
Viols et attentats à la pudeur sur des enfants	382	299	189	175	150	126	130	254
Avortements	89	50	44	124	122	125	104	126
Bigamie	9	4	7	9	10	6	31	64

1. G. Tarde, *Criminalité comparée*, p. 63, 2e édition.

Ces crimes ne sont pas susceptibles de correctionnalisation, sauf les attentats à la pudeur sur des adultes, qui ne paraissent pas avoir subi cette transformation, puisque leur diminution n'a pas eu pour contre partie de grossir le nombre des outrages publics à la pudeur, qui les absorbent en cas de correctionnalisation. Donc, les chiffres ci-dessus parlent d'eux-mêmes. Il résulte de ce tableau que les assassinats ont sensiblement diminué, pour grossir, peut-être, le nombre des meurtres, qui a légèrement augmenté.

Les coups et blessures mortels présentent une augmentation brusque en 1920 et nous voulons croire, que ce n'est que fortuitement. Au contraire, les coups et blessures graves présentent une légère diminution, qui ne paraît pas due à la correctionnalisation, puisque comme nous le verrons plus loin les coups et blessures correctionnels ont énormément diminué.

Le nombre des viols et attentats à la pudeur accuse une diminution bien nette et, nous voulons croire, définitive, parce qu'elle se confirme par la diminution du nombre des délits contre la moralité, comme nous le verrons en traitant des délits. Il paraît que la guerre, au lieu de déchaîner l'immoralité, l'a au contraire restreinte, ce qui nous amène à penser que la guerre n'a pas empêché la civilisation d'adoucir les mœurs.

Quant à la bigamie qui a considérablement

augmenté, il paraît que, c'est là un pur résultat de la guerre, cause de nombreuses absences, et nous ne croyons pas, que ce crime, très rare avant la guerre, soit entré en activité depuis et qu'il continue à rester dans ces chiffres.

Si jusqu'à maintenant nous n'avions qu'à nous réjouir de la diminution de certains crimes, nous arrivons à une catégorie de crimes, dont l'augmentation doit nous laisser sceptiques. C'est de l'augmentation continue et constante des infanticides et des avortements que nous voulons parler. Aucune des causes, qui ont diminué le nombre des affaires pendant la guerre n'a pu amoindrir cette augmentation. Elle est considérable aussi bien pendant la guerre, qu'après. Les infanticides de 93 en 1913 montent à 178 en 1920 ; et les avortements, de 89 en 1913 montent à 126 en 1920. C'est une augmentation bien réelle de ces crimes qui s'accuse par ces chiffres, lesquels ne sont qu'un indice, puisque ces crimes sont les plus difficiles à découvrir.

Si le secret professionnel était levé, combien de femmes seraient accusées d'avortement ! Parce qu'il paraît que le plus grand nombre des femmes, qui entrent dans les hôpitaux chirurgicaux de Paris, font une cure des maladies, qui peuvent être causées par des manœuvres abortives.

A quoi devons-nous attribuer l'augmentation de ces crimes ?

E. Garçon dans un article publié dans le *Journal*

des Débats (1) sur la criminalité pendant la guerre, attribue l'accroissement des infanticides au relâchement des mœurs pendant la guerre. Et nous disons pour le compléter, que ce relâchement, s'il a été favorisé par les mauvaises conditions créées par la guerre pour les filles-mères, n'a pas moins continué après celle-ci avec une forte aggravation. Ce relâchement des mœurs paraît s'être pour longtemps établi dans notre société moderne, parce qu'il s'aggrave tous les jours et gagne de nouveaux pays dans lesquels l'austérité de mœurs était bien rigoureuse.

Quant à l'augmentation de l'avortement, l'auteur de l'article se réjouit, parce que, dit-il, cette augmentation n'indique que des poursuites plus fréquentes. Ici, nous sommes d'un avis diamétralement opposé au vénérable professeur, parce que nous ne croyons pas que pendant la guerre, où la répression était complètement paralysée, les poursuites d'avortements ont été intensifiées. Et d'ailleurs, si cette exception a existé en France, il n'y a pas à penser de même pour les autres pays, comme par exemple la Belgique et la Roumanie, où les avortements ont aussi augmenté. Nous pensons, au contraire, que, comme pour les infanticides, le relâchement des mœurs, favorisé par la guerre et devenu depuis, un principe de la vie moderne autrement puissant qu'il n'était avant la guerre, est la cause de cette

1. E. Garçon, *La criminalité pendant la guerre* (*Journal des Débats* du 6 mai 1921).

recrudescence. Comme le divorce et le néo-malthusianisme sont entrés dans les mœurs modernes et se répandent chaque jour d'une façon inquiétante pour l'avenir de l'humanité, de la même manière ces deux crimes se sont introduits dans les habitudes des femmes. Si la loi les a constitués en crimes, ces actes ne produisent pas de remords dans la conscience de ceux qui les commettent. Si l'enfant était jadis un bonheur et un objet de tendresse, aujourd'hui il est considéré comme une cause de misère et un obstacle à la jouissance des joies de la vie. Il n'y a pas aujourd'hui que les filles-mères qui se font avorter pour éviter le déshonneur, mais aussi des femmes mariées lesquelles, si elles n'arrivent pas par des moyens anticonceptionnels à éviter la grossesse, avortent. Les familles nombreuses aujourd'hui sont de rares exceptions. Le libertinage étant libre combien de filles-mères devrait-il y en avoir ! Or, cela seul suffit pour nous montrer quel nombre infini d'avortements se commettent chaque jour, mais qui restent inconnus à la justice. L'exemple des hôpitaux chirurgicaux, que nous avons cité ci-dessus, confirme bien notre explication.

Maintenant nous donnerons une analyse des tableaux statistiques sur la délictuosité de deux catégories de criminels, celle des femmes et celle des mineurs.

Là, il paraît que la guerre a exercé son influence néfaste et déterminé une augmentation de la proportion de participation de ces deux catégories au crime.

Prenons d'abord la catégorie des femmes.

Voici comment se répartit le nombre des condamnés d'après le sexe des criminels.

Sexe des condamnés pour crime	1913	1914	1915	1916	1917	1918	1919	1920
Hommes....	1.762	1.319	695	721	889	1045	949	1.779
Femmes....	226	145	164	334	368	361	316	360

Et pour 1922 il y a 1604 hommes et 276 femmes condamnés, mais ces chiffres nous sont donnés sous toutes réserves et sont provisoires. Nous observons dans ce tableau, que même pendant la guerre où la répression ne pouvait pas exercer sa vigilance, le nombre de femmes criminelles est supérieur à celui d'avant guerre. Le nombre des femmes condamnées pour crimes a augmenté de plus d'une centaine depuis 1916 et cette augmentation continue sans aucune atténuation.

En 1920, le nombre est monté de 100 à 159 relativement au nombre de 1913, ce qui est énorme. Il n'y a que l'année 1922 qui donne l'espoir d'une diminution éventuelle, mais, même alors l'augmentation est de 100 à 122, ce qui est encore considérable.

A quoi doit-on attribuer cette augmentation ?

M. le Garde des Sceaux, dans son rapport, qui précède la statistique de l'année 1919 et E. Garçon dans son article précité, attribuent cette augmentation à la guerre, qui a mis en faveur de la criminalité les mauvaises conditions d'existence.

Cette explication paraît exacte sur ce point que ce sont les causes produites par la guerre qui ont poussé la femme vers le crime, mais il ne faut pas croire que ces causes soient passagères et qu'elles devaient disparaître aussitôt après elle. Les chiffres que nous avons relevés même pour 1922, nous prouvent le contraire. Cette augmentation est due à celle des deux crimes féminins : l'infanticide et l'avortement, lesquels, comme nous l'avons noté ci-dessus, ne paraissent pas présenter une augmentation passagère, mais une augmentation dont les causes se trouvent enracinées dans les mœurs modernes. Seule, une législation basée sur les nouvelles conditions de la vie peut mettre un frein à cet accroissement, puisque la répression paraît insuffisante et au surplus, injuste. Comment peut-on accuser de crime une fille-mère qui risque sa vie à bon escient en se faisant avorter pour éviter le deshonneur ? Car nous la condamnons si elle avorte et nous la deshonorons si elle accouche, sans compter les difficultés d'ordre économique, qu'elle rencontre pour élever un enfant. Il faut éliminer d'abord les causes du crime et ensuite penser à le punir.

Nous venons maintenant à l'autre catégorie, très intéressante, de criminels, celle des mineurs. Voici quel était le nombre des condamnés mineurs :

Age des condamnés	1913	1914	1915	1916	1917	1918	1919
—	—	—	—	—	—	—	—
Mineurs de 20 ans.	330	267	180	247	303	375	314
Proportion % relativement au nombre total des condamnés.........	16.5	19	21	24	24	27	25

Pour l'année 1920 nous n'avons pas pu nous procurer des chiffres parce que cette statistique ne distingue que les mineurs de 18 ans, qui étaient de 108.

De ce tableau il résulte une très grande augmentation de la proportion de la participation des mineurs au crime. Même pour l'année 1918, où le fonctionnement de la justice répressive n'était pas bien régulier, le chiffre est presque le double de celui d'avant guerre. C'est là croyons nous, un fait dû à la mauvaise influence de la guerre, comme nous l'avons observé pour la criminalité féminine. Les mineurs restés sans surveillance pendant la guerre ont été plus que jamais sous la tentation du crime.

En résumant nos observations en matière des crimes, nous constatons :

1° Que les crimes de sang n'ont pas sensiblement augmenté ;

2° Que les crimes d'immoralité ont diminué considérablement ;

3° Que les infanticides et les avortements ont augmenté énormément ;

4° Que la proportion de la criminalité féminine et des mineurs a considérablement augmenté.

III. — MOUVEMENT DE LA CRIMINALITÉ EN MATIÈRE DE DÉLIT

Vu la grande importance que renferme ce chapitre des affaires correctionnelles, parce qu'il est le miroir le plus fidèle de la criminalité à une certaine époque, nous le diviserons en quatre paragraphes :

Dans le premier nous traiterons le mouvement des affaires correctionnelles en général.

Dans le second les variations de l'activité de certains délits, les plus importants.

Dans le troisième, la participation de la femme dans le délit.

Dans le quatrième, la participation des mineurs dans le délit.

A. — Mouvement des affaires correctionnelles en général

Le nombre des affaires correctionnelles et le nombre des prévenus ont assez varié pendant l'époque qui nous intéresse.

Année	Nombre des affaires	Nombre des prévenus
—	—	—
1913	19[illegible].977	235.767
1914	135.248	160.978
1915	92.793	110.683
1916	102.728	125.779
1917	113.035	140.735
1918	127.512	160.585
1919	149.165	186.234
1920	203.405	246.841

Quant à la diminution du nombre des affaires et des prévenus pendant la période de guerre nous n'avons rien à ajouter à ce que nous avons dit à propos du mouvement général des plaintes, dénonciations et procès-verbaux. Ces chiffres ne se prêtent pas à une comparaison utile.

Il ne reste donc que les chiffres des années 1919 et 1920 sur lesquels on puisse faire une comparaison utile. Et même pour l'année 1919 la loi d'amnistie a beaucoup altéré le nombre des affaires parce qu'elle a empêché les poursuites de nombreux délits.

L'année 1920 présente une légère augmentation du nombre des affaires et des prévenus. Mais pour comprendre la portée de ces chiffres il faut prendre en considération certains faits qui peuvent nous induire en erreur.

1° La population ayant légèrement diminué, le nombre des délits a diminué dans la même proportion. A la diminution de 400.000 de la population correspond un nombre de 2.100 délits à peu près. Mais cela n'est pas très important.

2° Plusieurs lois nouvelles (1) votées pour les nécessités de la guerre, ont créé de nouvelles incriminations, qui ont eu pour résultat de grossir le nombre des affaires correctionnelles même pour l'année 1920,

1. Loi du 4 avril 1915 sur le commerce avec l'ennemi ; Loi du 17 août 1915 sur les importations et exportations prohibées ; Loi du 17 février 1916 sur le trafic des monnaies ; Loi du 20 avril 1916 sur les spéculations illicites. Loi du 10 février sur le ravitaillement, et d'autres de moindre importance.

parce que leur application, quoique très atténuée, a continué après la guerre. Ces lois de circonstances ont créé une criminalité temporaire, qui disparaîtra avec les circonstances qui l'ont créée. Mais si nous consentons pour cela à la déduire du nombre des affaires correctionnelles, nous ne devons pas moins remarquer que ces délits, ont présenté pendant cette époque une criminalité redoutable. La spéculation illicite cause beaucoup plus de mal à la société qu'un vol de quelques billets. Chacun de nous sait quels troubles apportent ces délits à l'existence de la population paisible pendant les époques bouleversées de guerre. Dans ces délits, croyons nous, nous devons voir la mauvaise influence de la guerre sur la criminalité. Les difficultés qu'elle a fait naître ont donné un champ d'activité à des consciences cupides et rusées. La richesse est devenue la prime de l'improbité et de la malhonnêteté.

Cette criminalité n'a rien d'artificiel. Tout ce qu'on peut dire de cette criminalité, c'est qu'elle est temporaire, qu'elle disparaît avec les mauvaises conditions qui l'ont créée. Ce qui est un délit pendant la guerre, est un droit en temps de paix. C'est pourquoi nous consentons à faire abstraction de ces délits pour faire la comparaison avec les chiffres d'avant-guerre et de considérer cette criminalité comme une criminalité à part, due purement à la guerre.

Si nous faisons abstraction du nombre des affaires dues à ces délits temporaires, il résulte que le nombre des affaires correctionnelles a sensiblement diminué en 1920. Le nombre des affaires dues à ces délits étant de 28.000 environ, il résulte une diminution de 20.000 affaires environ, c'est-à-dire 10 o/o. Donc, la criminalité de droit commun (1) au lieu d'augmenter a tout au contraire sensiblement diminué. Gabriel Tarde serait bien étonné de ces chiffres s'il les avait connus avant de mourir. La guerre n'a pas été une cause de recrudescence, mais bien au contraire, une cause de diminution de la criminalité. La civilisation, peut-on dire, l'a emporté sur l'influence démoralisante de la guerre.

Il faut voir maintenant sur quels délits a porté cette diminution et s'il n'y en a pas certains autres qui ont suivi une marche contraire à celle du nombre total des affaires correctionnelles.

B. — Observations sur les catégories des délits les plus graves

Nous distinguerons les délits les plus graves en quatre catégories et nous les traiterons séparément.

Dans la première catégorie, nous rangerons le vagabondage et la mendicité : « Délits de paresse et d'abandon social ».

Dans la seconde catégorie, nous rangerons les outrages publics à la pudeur, les attentats à la pudeur par un mineur de 16 ans, l'excitation à la débauche et l'adultère : « Délits contre les mœurs ».

Dans la troisième catégorie, nous rangerons les

1. Par opposition de la criminalité temporaire.

coups et blessures, les menaces écrites ou verbales, le port d'armes prohibées, la rébellion et outrages à des magistrats et des agents de la force publique : « Actes de violence ».

Dans la quatrième catégorie, nous rangerons, le vol et recel, l'escroquerie, l'abus de confiance et les fraudes commerciales et falsifications: « Délits contre les propriétés et contre la probité ».

a) *Délits de paresse et d'abandon social.* — Ces délits paraissent avoir subi une influence presque éliminatrice par la guerre. Voici un tableau comparatif de ces délits.

Nature des délits	1913		1919		1920	
	Nombre des affaires	Nombre des prévenus	Nombre des affaires	Nombre des prévenus	Nombre des affaires	Nombre des prévenus
Vagabondages	11.771	11.979	5.293	5.501	7.279	7.445
Mendicité	6.963	7.609	1.080	1.133	1.454	1.541

Ce tableau nous montre que ces délits ont énormément diminué. Pendant la guerre, la diminution a été encore plus grande, mais nous croyons qu'elle est due à des causes indépendantes de leur existence et c'est pourquoi nous nous dispensons de les comparer.

Le vagabondage a été de 62 o/o et la mendicité de 21 o/o en 1920 relativement au nombre de 1913.

Cette énorme diminution de ces deux délits a tellement enthousiasmé l'auteur d'un article sur la criminalité d'après guerre dans le ressort de Nancy,

M. L. Sadoul, Conseiller à la Cour de Nancy qu'il l'a peinte en ces termes pittoresques (1) « : Quant au vagabondage français, le client habituel et souvent reconnaissant des tribunaux et des prisons d'avant guerre est presque devenu un mythe, la mendicité n'existe plus qu'à l'état de souvenir. » Mais cela est croyons-nous une exagération, laquelle était permise peut-être à M. Sadoul qui n'avait sous les yeux que les chiffres du ressort de Nancy (2), mais, quant à nous, nous ne pouvons pas croire que le vagabondage soit devenu un mythe puisque le nombre de ces délits, quoique beaucoup inférieur à celui d'avant guerre, commence à remonter légèrement après la guerre.

Quelles sont les causes de cette énorme diminution des délits de paresse ? M. le Garde des Sceaux dans son rapport précédemment cité, l'attribue aux circonstances économiques de la guerre, à la hausse des salaires et à l'amélioration de la vie des travailleurs. Et M. Sadoul dit à peu près la même chose. Mais, nous croyons que la guerre a exercé une autre influence sur cette criminalité, une influence morale. La mobilisation a fortement remué cette masse inerte de pares-

1. L. Sadoul, *La criminalité d'après guerre* (*Le Temps* du 21 septembre 1923).

2. La statistique de 1919 indique une forte diminution des affaires correctionnelles pour le ressort de Nancy. Celles-ci de 12.000 en 1913 descendent à 5.000 en 1919. Mais cette diminution est tout à fait exceptionnelle pour ce ressort. Il y a d'autres ressorts aussi qui présentent une diminution, mais pas aussi importante et d'autres encore qui présentent une augmentation.

seux et la recherche de la main-d'œuvre bien rémunérée lui a montré le chemin du travail, qui donne une vie plus agréable et plus large. C'est ce qui explique la persistance de la diminution après la guerre où les mêmes circonstances n'existent pas, ou n'existent qu'en moindre degré.

b) *Délits contre les mœurs.* — Ces délits n'ont pas non plus été favorisés par la guerre. Pourtant on pourrait s'attendre à une augmentation de ces délits, la guerre étant considérée très démoralisante. Mais cet effet bienfaisant de la guerre n'a pas été étendu à tous les délits contre les mœurs, et il faut distinguer entre eux. Le tableau suivant montrera quelle distinction nous devons faire.

Nature des délits	1913		1919		1920	
	Nombre des affaires	Nombre des prévenus	Nombre des affaires	Nombre des prévenus	Nombre des affaires	Nombre des prévenus
Outrages publics à la pudeur........	2.365	2.812	879	1.058	1.345	1.516
Attentats à la pudeur par un mineur de seize ans....	37	40	21	23	15	16
Excitation à la débauche....	346	553	293	404	204	276
Adultère......	1.794	3.507	1.887	3.677	2.459	4.840

Les trois premiers délits ont considérablement diminué, tandis que le quatrième a augmenté dans les mêmes proportions que les autres ont diminué.

Or, il y a cette différence entre les deux groupes de délits que le premier comprend les actes d'immoralité commis en dehors de tout lien légal, tel que le lien matrimonial, tandis que le second est la violation de la foi due par l'un des époux à l'autre. Mais les uns et les autres sont aussi graves et dangereux.

Dans le premier groupe nous rangerons aussi l'exposition d'enfant, qui a aussi diminué. De 61 en 1913 est descendu en 1919 à 35, presque à la moitié.

Au second groupe nous rangerons la suppression d'enfant, qui était de 78 en 1913 a monté à 117 en 1919.

Nous observons donc que ce qui a été atteint par la guerre, c'est le lien matrimonial. Le lien du mariage se relâche de plus en plus. Parallèlement à l'augmentation de l'adultère, la multiplication du divorce contribue énormément à ce relâchement. Le mariage n'est plus un lien sacré ne devant prendre fin que par la mort de l'un des époux, mais un lien bien précaire et très mal vu par notre société moderne. Les nouvelles lois économiques, qui gouvernent notre société, ne lui sont pas du tout favorables. Le Marxisme l'a complètement dépouillé de ses privilèges et le rend une simple camaraderie précaire entre l'homme et la femme. C'est peut-être vers cette évolution que nous nous dirigeons.

Mais, que devons-nous dire de la grande diminution des délits du premier groupe? Quelles sont les causes qui l'ont déterminée ? Cela est très difficile à découvrir. Nous voulons croire, que c'est un fait de la civilisation et de l'adoucissement des mœurs. Mais nous ne cacherons pas un doute, bien logique, que nous inspire le fait que le nombre commence à monter après la guerre pour les délits du premier groupe, quoique loin d'atteindre le chiffre d'avant guerre.

Tous les délits des deux groupes sont des délits d'immoralité. Comment concevoir que pour les uns la moralité a augmenté tandis que pour les autres elle a diminué ? N'y a-t-il pas à penser que ces augmentations et ces diminutions sont dues à la guerre et que rien ne nous dit que cette diminution continuera ? En effet, il y a cette observation à faire, que les premiers délits, étant des délits d'assouvissement, se commettent, quand on a la satisfaction des premiers besoins, et que les passions contre nature hantent la tranquillité des esprits ; et la guerre est loin d'avoir augmenté le bien-être et favorisé pareilles tentations (1). Tout au contraire l'adultère a été bien favorisé par la guerre qui a causé le long éloignement des époux. Pour toutes ces raisons il y a lieu à penser que la dimi-

1. M. Guillermet, dans un rapport fait à la Société générale des prisons (*Revue pénitentiaire*, 1924, p. 149), explique cette diminution par le fait que la satisfaction des besoins sexuels est devenuè plus facile par l'argent, ou par le fait de la plus grande liberté de la femme. Mais nous croyons que cette facilité n'a pas beaucoup augmenté depuis la guerre, puisque dans les grandes villes ces facilités ont toujours existé et c'est dans les grandec villes que se commettent le plus les délits de cette espèce.

nution des délits du premier groupe est due aux causes défavorables de la guerre et que par conséquent nous ne devons pas endormir avec la satisfaction de la diminution de ces délits, mais bien au contraire, il faut veiller à ce qu'une augmentation ne se présente après quelques années. N'ayons donc pas, pour ces délits l'optimisme, que Tarde appelle vertu officielle, mais veillons.

c) *Délits de violence.* — Les délits de cette catégorie, comme ceux des deux précédentes, présentent une forte diminution pour surprendre ceux qui attendaient un déchaînement de la violence après la guerre.

Voici le tableau comparatif de ces actes.

Nature des délits	1913		1919		1920	
	Nombre des affaires	Nombre des prévenus	Nombre des affaires	Nombre des prévenus	Nombre des affaires	Nombre des prévenus
Coups et blessures volontaires........	28.521	39.140	12.831	17.771		
Menaces écrites ou verbales..	693	734	437	539		
Port d'armes prohibées ...	4.080	4.258	2.445	2.707		
Rébellion et outrages à des magistrats ou à des agents de la force publique	14.307	15.856	6.499	7.446	8.391	9.445

Pour les trois premiers délits du tableau nous manquent les chiffres de l'année 1920 parce que le manuscrit de cette statistique a été envoyé à l'imprimerie, avant que nous puissions prendre toutes les notes nécessaires à notre étude.

Mais les chiffres de 1919 sont très éloquents pour prouver la forte diminution du nombre de ces délits. Le nombre des coups et blessures est descendu au-dessous de la moitié. Le nombre des menaces et du port d'armes prohibées présente une grande diminution. La rebellion et les outrages à des magistrats présentent une diminution de la presque moitié même pour l'année 1920.

Cette diminution des actes de violence vient confirmer la légère diminution des crimes de sang, et par cela même à décevoir ceux, comme Tarde, qui à bon droit croyaient à une forte augmentation de la criminalité violente après la guerre. Il est bon de rappeler ici ce que Tarde disait de la guerre, comme facteur de la criminalité, et que nous avons cité dans notre introduction. Parlant de la guerre mérovingienne, ce grand criminaliste dit que, cette guerre a été suivie d'une recrudescence extraordinaire des crimes de sang et un débordement des viols. Donc nous voyons que ses dires ne sont pas confirmés par la guerre européenne, qui a eu un résultat diamétralement opposé, et qu'au lieu de déterminer une augmentation extraordinaire, elle a au contraire déterminé une diminution extraordinaire de ces actes.

La violence collective exercée à outrance pendant les quatre années de guerre, paraît avoir fatigué les hommes et même les en avoir détournés. Les hommes d'après guerre l'ont abandonné — peut-être pour employer l'astuce et la fraude. Le soldat démobilisé a rejeté son fusil et n'a plus voulu s'armer. Il en avait assez des armes. Il a peut-être compris que la violence n'est pas le meilleur moyen pour imposer ou défendre son égoïsme. La civilisation gagne du terrain, même après une guerre violente et inhumaine

Mais parallèlement à cette mentalité, les lois anti-alcooliques votées pendant la guerre paraissent avoir produit aussi un effet très bienfaisant. Et la police paraît bien poursuivre les ivrognes. En 1919 il y avait 24.849 prévenus pour contravention d'ivresse et en 1920, 48.312 prévenus.

d) *Délits contre la probité*. — Nous arrivons maintenant à une autre catégorie de délits où l'astuce et la fraude servent d'armes redoutables contre la probité. Contrairement à ce que nous avons observé pour les catégories précédentes, cette catégorie a beaucoup augmenté.

Voilà le tableau comparatif de ces délits :

Nature des délits	1913		1919		1920	
	Nombre des affaires	Nombre des prévenus	Nombre des affaires	Nombre des prévenus	Nombre des affaires	Nombre des prévenus
Vol	34.789	46.478	4.377	61.210	50.797	70.908
Escroquerie	2.964	3.637	1.653	1.986	2.090	2.469
Abus de confiance	6 611	7.207	3.175	3.786	4.092	4.602
Fraudes commerciales et falsifications	7.198	7.703	7.734	8.345	9.135	9.926

De ce tableau il résulte que le vol a énormément augmenté. Et encore ces chiffres sont incomplets, puisque nous devons ajouter au vol pour les années 1919 et 1920 le recel, lequel a cessé depuis la loi de 1915 d'être une complicité et a constitué un délit spécial, indépendant du vol. Or, le nombre des affaires était de 3.211 et celui des prévenus 5.103 en 1919. En 1920, le nombre est encore plus élevé.

Quant à l'escroquerie et à l'abus de confiance, ces délits présentent une diminution sensible, quoique très atténuée en 1920, mais est-ce que nous allons conclure de là, que la malhonnêteté n'a pas été favorisée par la guerre ? Nous croyons que malgré ces chiffres, il n'en est rien. Tout ce qu'on peut dire de ces actes c'est que la malhonnêteté a trouvé pendant et après la guerre d'autres terrains plus fructueux. C'est peut-être sur la spéculation illicite et les autres délits du même genre, qu'elle est venue se greffer pendant cette période.

Or, il y a 5.220 spéculations illicites en 1919 et 4.980 en 1920, sans compter les délits de ravitaillement qui se comptent par dizaines de mille. Nous avons dit ci-dessus que ces délits ont créé une criminalité passagère, mais tout de même, c'est une criminalité dont les vertus sont la malhonnêteté et la cupidité. Les fraudes commerciales et falsifications suivent leur marche ascendante, pas aussi brusque que le vol, mais très considérable, ce qui nous montre que notre époque est favorable à leur augmentation. Il résulte que cette catégorie de délits est restée réfractaire à l'adoucissement des mœurs, qui est résulté après la guerre. La cupidité devient la vertu de notre siècle où l'argent, acquit par n'importe quel moyen, est notre despote.

Le vol dans notre civilisation capitaliste a perdu le sens immoral, qu'il avait quand on qualifiait ainsi la soustraction de la poule à son voisin.

Aujourd'hui ce délit est érigé en métier qui compte une multitude de plus en plus grande d'adeptes, qui ne sont pas poussés à ce délit par la misère — cela est peut-être une cause lointaine — mais par la cupidité, et après un stage long et graduel.

Le voleur d'aujourd'hui étudie minutieusement les instruments dont il se sert et la façon d'agir, jusqu'à utiliser les découvertes scientifiques pour son néfaste métier.

Les gens les moins audacieux de cette catégorie, et les plus rusées s'adonnent à l'escroquerie et aux fraudes commerciales.

En résumant les données statistiques que nous avons étudiées, nous voyons que d'une part les infractions de violence, d'immoralité et de paresse ont fortement diminué et d'autre part, que les délits de cupidité et d'improbité, dirigés contre les propriétés ont augmenté d'une façon inquiétante. Donc, ce qui a été atteint par la guerre, c'est le droit de propriété. Et nous référant à l'augmentation des adultères, nous disons que le mariage et la moralité des familles ont été aussi atteints par la guerre Souhaitons que la paix élimine ces deux fléaux, qui montrent le point faible de notre civilisation et de notre régime économique. Le Dr Lacassagne a dit que « les sociétés n'ont que les criminels qu'elles méritent ».

Pour finir avec les affaires correctionnelles, nous devons noter que pour cette étude nous avons pris comme données de comparaisons le nombre des affaires et le nombre des prévenus. Or, tous les prévenus ne sont pas coupables et on pourrait penser qu'il y a des années où la manie du procès est très grande. Quant à nous, nous croyons que le nombre des prévenus est plus sûr pour servir comme objet de comparaison, parce que la distance plus ou moins grande entre le nombre des prévenus et le nombre des condamnés, ne prouve pas qu'il y a eu beaucoup de procès et peu de coupables, mais qu'il y a eu plus ou moins d'indulgence de la part du juge. Et c'est ce que paraît dire M. le Garde des Sceaux dans son rapport de la statistique de l'année 1919, en parlant de l'indulgence des juges après la guerre.

Le pourcentage des acquittements en matière correctionnelle, de 9 o/o qu'il était en 1913, après avoir un peu varié pendant la guerre est monté à 12 o/o en 1919 et redescendu à 9,5 o/o en 1922. Donc, cette variation n'est pas considérable et elle montre que le juge étant devenu un peu plus indulgent pendant la guerre et pendant la petite période qui l'a suivie, il est revenu ensuite à sa première sévérité. Ce qui est le plus remarquable en matière de condamnation, c'est l'abandon de courtes peines d'emprisonnement en faveur des peines pécuniaires. Les peines de moins de un an d'emprisonnement étant de 48 o/o et celles à l'amende de 41 o/o, évoluent en 1919 à 42 o/o les peines de court emprisonnement, et à 45 o/o celles à l'amende.

C. — La délictuosité féminine

C'est en cette matière, comme en matière de délictuosité des mineurs, que nous étudierons plus loin, que la guerre a le plus exercé son influence néfaste. Nous avons déjà observé en matière de crime l'inquiétante augmentation des deux crimes féminins : l'infanticide et l'avortement. Nous verrons ici que la femme criminelle ne s'est pas bornée à ces crimes mais elle a pris une part très active dans la criminalité générale depuis la guerre.

Voilà un tableau comparatif de ces années :

Années	PREVENUS			Proportions pour 0/0
	Nombre total	Hommes	Femmes	
1913	235.767	202.122	33.645	14 %
1914	160.978	134.341	26.637	16 —
1915	110.683	77.209	33.474	30 —
1916	125.779	88.146	37.633	30 —
1917	140.735	102.491	38.244	27 —
1918	160.585	115.301	45.284	28 —
1919	186.234	133.085	53.149	28 —
1920	246.841	188.146	58.695	23 —
1922 (1)	219.170	173.610	45.560	20 —

1. Les chiffres de 1922 ne sont que provisoires mais nous les citons parce qu'ils présentent une diminution de la criminalité féminine, ce qui nous donne de l'espoir pour l'avenir.

Les chiffres de la criminalité féminine sont terrifiants par leur éloquence. Malgré la diminution énorme du nombre des prévenus pendant la guerre, la criminalité féminine n'a pas cessé de s'accroître. La paralysie générale de la justice répressive n'a pas pu amoindrir l'apparence de cette augmentation. La proportion de 14 o/o qu'elle était en 1913 est montée à 30 o/o en 1916. Puis elle va en s'atténuant graduellement pour les années suivantes et atteint le nombre de 23 o/o en 1920 et de 20 o/o en 1922, ce qui ne présente pas moins une augmentation très considérable. Mais cette comparaison n'est peut-être pas très instructive, puisqu'elle est influencée par la diminution des proportions de la criminalité masculine qui est due à la guerre.

Pendant la guerre les adultes, qui forment le plus grand contingent de criminalité, ont été mobilisés et par conséquent soumis à la compétence de la justice militaire. Après la guerre, plus d'un million d'hommes ne sont pas rentrés dans leur famille étant restés sur les champs des batailles. C'est ce qui explique la grande diminution de la criminalité masculine même après la guerre. Il est vrai qu'une foule d'ouvriers étrangers est entrée en France pour compléter les vides produits par la guerre, mais cette invasion ne s'est produite que plus tard, car d'après le recensement de 1921, le nombre des étrangers en France était de 1.550.459, tandis que d'après le recensement de 1911, le nombre des étrangers était de 1.132.696. Donc la différence n'est pas très grande étant donné que le nombre de 400.000 étrangers en plus ne se compose pas exclusivement d'hommes.

Peut-être pour les années après 1921 il y aura à tenir compte de la population étrangère, puisque, comme il nous a été déclaré au Ministère de l'Intérieur, le nombre des étrangers a atteint environ 4.000.000.

La criminalité des hommes ayant donc diminué par suite de la guerre, c'est ailleurs que nous devons porter la comparaison. Nous comparerons la criminalité féminime avec elle-même. Il résulte de cette comparaison que la criminalité féminine a évolué ainsi :

1913	1914	1915	1916	1917	1918	1919	1920	1922
100	79	90	111	113	134	157	177	135

Ce tableau plus que le tableau précédemment cité nous montre clairement que la criminalité féminime a évolué dans une mesure inquiétante. En 1920, elle bat son plein avec une proportion presque double de celle d'avant guerre.

L'année 1922 laisse à espérer que cette augmentation progressive étant le résultat des mauvaises conditions de la guerre, a cessé et qu'une marche inverse commencée en 1922 ira vers le rapprochement des proportions d'avant guerre. Mais rien ne nous dit, qu'elle atteindra les chiffres d'avant guerre.

Cette augmentation de la délictuosité féminine constatée, nous citerons un tableau comparatif de la participation de la femme dans les principaux délits :

NATURE DES DÉLITS	1913		1919	
	Total des prévenus	Femmes	Total des prévenus	Femmes
Outrages à des magistrats ou à des agents de la force publique	11.189	1.892	6.316	1.612
Vagabondage	11.979	1.002	5.501	1.342
Menaces écrites ou verbales	734	83	539	133
Coups et blessures volontaires	39.140	5.538	17.771	3.581
Vols	46.478	10.823	61.210	17.663
Escroquerie	3.637	518	1.916	599
Abus de confiance	7.207	813	3.786	1.006
Fraudes commerciales et falsifications	7.703	2.550	8.345	4.492
Recel (Loi 1915)	—	—	5.103	1.775
Spéculation illicite, ravitaillement	—	—	6.806 16.639	3.002 7.868

Les quatre premiers délits sont de ceux qui présentent une grande diminution après la guerre. Mais si nous laissons de côté cette diminution générale, nous voyons que la proportion de l'activité féminine a beaucoup augmenté. Pour les outrages à des magistrats la participation de la femme étant de 16 o/o en 1913 elle a monté de 25 o/o en 1919.

Pour le vagabondage et les menaces, malgré la diminution de la criminalité des hommes, celle des femmes a dépassé les chiffres d'avant guerre. Et pour les coups et blessures il y a une grande augmentation de la proportion de l'activité féminine.

Mais c'est aux actes contre la probité que la participation de la femme est plus grande. La femme, être faible, est plus habile à la fraude et plus rusée. C'est donc, dans ces actes qu'elle a pu appliquer ses qualités.

La participation de la femme au vol étant de 23 o/o en 1913, elle a monté en 1919, où il faut comprendre le recel, à 29 o/o. Pour l'abus de confiance et l'escroquerie, malgré la diminution que présentent ces deux délits, la proportion des femmes dépasse celle d'avant guerre. Pour les fraudes commerciales la proportion de 33 en 1913 monte à 53 en 1919.

Pour les deux autres délits, la spéculation illicite et le ravitaillement, la participation de la femme est presque de moitié (50 o/o). Mais est-ce là une criminalité, étant donné que ces délits n'étaient réprimés, que par les lois de circonstances? Puisque nous étudions l'influence de la guerre sur une catégorie des criminels, nous la considérerons comme une criminalité. C'est là l'influence pure de la guerre. En effet un délit sur le ravitaillement est plus grave qu'un vol dans cette période troublée, parce qu'il porte atteinte non pas à un individu mais directement à la société. On objectera que ce qui est délit dans la période de la guerre, c'est un droit en temps de paix. Mais pour cela nous les avons éliminé, quand nous parlions de la criminalité en général. Ici il s'agit d'activité féminine dans le délit. Or, la femme dans ces délits a trouvé du terrain pour développer son activité.

Quelles sont les causes de cet accroissement ?

Qu'est-ce qui a poussé la femme aussi violemment au crime ?

Cela est très intéressant, mais aussi très difficile à découvrir.

M. L. Sadoul dans son article précité ne dit rien sur ce point. M. Garçon dans son article précité, parlant de l'augmentation des avortements se félicite de cette augmentation, comme n'accusant qu'une intensité des poursuites. Mais nous avons déjà dit ce qu'il faut penser sur cette explication.

Quant à nous, nous croyons qu'il faut distinguer deux ordres de causes. Dans le premier ordre nous rangerons les causes produites par la guerre, dans le second, les causes intensifiées peut-être par la guerre, mais indépendantes de celle-ci.

Les causes du premier ordre sont les mauvaises conditions d'existence produites par la guerre.

La mobilisation des maris, soutiens de la famille a réduit un grand nombre de femmes à la misère. Elles sont restées seules pour supporter la charge de l'entretien de leurs enfants et d'elles-mêmes. Et dans cette lutte où elles n'étaient pas habituées, elles ont employé des moyens répréhensibles. Mais ce n'est pas le seul mal qu'a causé la mobilisation. Le mari et le père, les deux surveillants de la moralité de la famille, étant partis au front, cette moralité n'a pu être maintenue en leur absence. C'est une anarchie familiale qui en est résultée et c'est peut-être là la cause la plus grave. D'autre part le spectacle démoralisant de la guerre, la contamination produite par le départ des femmes de leur village pour gagner leur vie dans les usines des villes, où elles ont été appelées par le manque de la main-d'œuvre, sont aussi des causes très importantes.

Ces causes dont l'influence s'est amoindrie après la guerre expliquent peut-être la diminution de la proportion en 1922.

Mais ces causes n'expliquent pas tout.

D'une part l'augmentation de la criminalité féminine se produisait avant la guerre — mais lentement il est vrai — et d'autre part cette augmentation persiste même après la guerre dans de très grandes proportions.

C'est le second ordre de causes qui explique ces faits.

L'une des causes de ce groupe et la plus importante croyons-nous, c'est la participation de plus en plus grande que la femme prend dans la vie sociale. Le crime considéré comme phénomène social, c'est-à-dire comme phénomène de pathologie sociale (1) n'est que le résultat de la lutte pour l'existence et pour la recherche du bien-être.

Quand on use des moyens de lutte illégaux on

1. Van Kan, *Les causes économiques de la criminalité*, p. 13.

tombe sous le coup de la loi. Donc, la femme renfermée dans la famille et écartée de cette lutte, il est évident, qu'elle ne pourra commettre que des délits entrant dans son activité domestique. Tout au plus une femme perverse volera la poule de son voisin, mais, de toute évidence, elle ne commettra pas de fraudes commerciales.

Aujourd'hui la femme sort de plus en plus de son rôle domestique, pour prendre une activité plus grande dans la lutte sociale. Et ce fait, se produisant déjà depuis longtemps, est très accentué depuis la guerre.

La femme n'exerçant avant la guerre que des professions manuelles, elle est entrée depuis la guerre dans une plus grande proportion qu'avant dans les professions intellectuelles.

La proportion des femmes employées dans des bureaux a presque doublée depuis la guerre d'après la statistique du ministère du Travail. Le métier de sténo-dactylo est devenu une profession exclusivement féminine et nous savons tous quelle expansion a eu ce métier depuis la guerre.

Or, cette activité plus intense dans la vie sociale de la femme, la rend plus susceptible de tentations criminelles (1).

Mais il y a deux autres causes qui se développent de jour en jour. D'une part c'est le relâchement du

1. Voir le discours de M. Paul Arcis, sur la criminalité féminine, dans la *Revue pénitentiaire* de 1913, p. 945 et suivantes.

mariage que nous avons observé à propos de l'adultère et d'autre part l'expansion du luxe. Le désir du luxe hante la tranquillité d'esprit des jeunes filles comme le désir d'enrichissement hante la tranquillité d'esprit des fraudeurs. Les salaires minimes des femmes ne suffisant pas à satisfaire leurs désirs, il y a beaucoup d'entre elles, qui, pour les satisfaire, glisseront au vol et à la prostitution. Et si cette dernière n'est pas considérée comme un fait criminel en lui-même, elle y amène à coup sûr.

Voilà les causes, qui nous paraissent comme pouvant expliquer l'augmentation de la participation de la femme au crime.

D. — La délictuosité des mineurs

Nous rappelons d'abord l'augmentation de la proportion de la criminalité des mineurs que nous avons observée en matière de crimes. En matière de délits, cette augmentation est encore plus grave. Voici le tableau comparatif pour les mineurs de 18 ans.

Années	Total des prévenus	Mineurs de 18 ans jugés par les Chambres du Conseil et les Tribunaux pour enfants	Proportion pour 0/0
1913	235.763	13.194	5,5 %
1914	160.978	9.991	6 —
1915	110.683	14.204	13 —
1916	125.779	17.922	14 —
1917	140.735	21.747	15 —
1918	160.585	22.549	14 —
1919	186.234	21.095	11 —
1920	246.841	24.606	10 —

Les chiffres de guerre nous montrent que c'est sur cette catégorie de criminels, qu'a été exercée l'influence démoralisante de la guerre. Ni le fonctionnement imparfait de la Justice, ni la diminution de la population, ni l'envahissement de 17 arrondissements du Nord, n'ont pu amoindrir l'apparence effroyable de cette criminalité. Le pourcentage atteint le triple en 1917, et commence ensuite à s'atténuer, mais sans descendre au-dessous du double en 1920.

Mais cette comparaison ne peut pas être très instructive par le fait qu'elle est influencée par la fluctuation de la criminalité générale due aux causes de la guerre. Comme nous l'avons fait à propos de la criminalité féminine, nous comparerons la criminalité des mineurs en elle-même.

Or, voilà comment se présente cette évolution :

1913	1914	1915	1916	1917	1918	1919	1920
100	77	109	137	167	173	162	189

De ce tableau il résulte qu'en 1920, il y a à peu près deux fois plus de mineurs criminels qu'en 1913. L'influence de la guerre sur cette augmentation est flagrante.

Il serait très intéressant de savoir sur quels délits a porté cette augmentation, mais cela est impossible parce que les statistiques d'avant guerre ne contenaient pas de distinction d'âge à propos de chaque délit. Mais d'après des gros chiffres de mineurs qui figurent dans la statistique de 1919, il paraît que c'est dans le vol et les autres délits contre les propriétés qu'a porté cette augmentation.

A ce propos nous croyons qu'il ne serait pas sans intérêt d'examiner les arrestations des mineurs à Paris pour délits du droit commun.

ANNÉES	NOMBRE DES ARRÊTÉS			NOMBRE des arrestations
	Garçons	Filles	Total	
1913	5.222	817	6.039	6.042
1914	5.753	1.196	6.949	7.757
1915	3.001	925	3.926	4.745
1916	3.950	896	4.846	5.664
1917	5.333	1.459	6.792	7.433
1918	5.005	1.253	6.258	6.591
1919	5.517	1.414	6.931	7.290
1920	4.752	1.146	5.898	6.236
1921	3.274	1.031	4.305	4.698

De ce tableau il résulte une sensible augmentation des arrestations pour les dernières années de guerre et même pour 1919, ce qui prouve que la guerre était la cause de cette augmentation par l'abandon consécutif de l'enfant par la société et par la famille. Mais après la guerre, en 1920 et 1921, nous constatons une diminution assez importante, résultat des sollicitudes que la société a prises pour l'enfance.

Ce qui est intéressant à noter c'est l'augmentation du nombre des filles mineures. Même pour les années 1920 et 1921 où le nombre des arrestations est au-dessous de celui d'avant guerre, le nombre des filles arrêtées est très supérieur.

En ce qui concerne les causes des arrestations, le vagabondage et la mendicité sont en grande diminution pour les années d'après guerre. Il en est de même des coups, menaces et violations de domiciles, des escroqueries et abus de confiance. Au contraire, les attaques nocturnes et vols avec violence augmentent sensiblement. De même les vols simples, mais ces derniers présentent une diminution considérable en 1922.

Les assassinats et meurtres n'ont pas beaucoup varié, sauf pour l'année 1921 où ils descendent au-dessous de la moitié. Le fait caractéristique de ces arrestations c'est qu'elles ont suivi à peu près la même courbe de variation que la criminalité en général. Il n'y a d'augmentation que pour les délits contre la propriété. Ayant constaté l'accroissement de cette catégorie criminelle, nous nous efforcerons d'en rechercher les causes. Tout d'abord, il est incontestable que la guerre y a le plus contribué. Le départ du père au régiment, a privé l'enfant de son soutien naturel, quant à son existence économique et morale. Le nombre des enfants orphelins et abandonnés était très grand pendant et après la guerre. Et la société n'a pu que très imparfaitement accomplir ses devoirs vis-à-vis d'eux. La surveillance de la mère, très faible par sa nature, n'a pu s'exercer efficacement. D'autre part, l'abandon de l'enfance par la société, qui s'est trouvée dans le besoin de mobiliser les instituteurs et de négliger les œuvres de protection de l'enfance, a eu aussi son effet malfaisant. Le spectacle démoralisant de la guerre, la contamination produite par l'abandon des campagnes et l'affluence des grandes villes, où femmes et mineurs, attirés par de gros salaires, sont venus remplacer la main-d'œuvre mobilisée, ont exercé leur influence néfaste sur ces êtres encore inaptes à entrer dans la lutte pour l'existence.

Mais il ne faut pas penser que ce sont exclusivement ces faits qui ont occasionné cet accroissement. En effet, il y avait même bien avant la guerre, une tendance vers l'abaissement de l'âge des criminels. M. Maurice Yvernes dans une étude sur la criminalité des mineurs en Europe (1), démontre avec des chiffres des statistiques antérieures à la guerre, cet abaissement de l'âge. Et cela ne nous permet pas, croyons-nous de penser que la criminalité des mineurs descendra au-dessous de sa proportion d'avant guerre, à moins qu'une diminution générale de la criminalité, due à des causes bien puissantes, comme celles qui paraissent poindre pour certains délits après la guerre, ne vienne à changer cette fatalité.

La Société, il est vrai, porte un très grand intérêt à cette catégorie de criminels et le nombre des

1. M. Yvernes, *La criminalité générale et la criminalité des mineurs en Europe* (*Revue pénitentiaire* de 1914, p. 180, 446 et 946).

œuvres et des sociétés pour la protection de l'enfance augmente tous les jours depuis la guerre.

D'autre part, le législateur et le juge, sont plus que jamais vigilants pour l'enfance. On ne veut plus la punir, mais l'améliorer, et cette nouvelle tendance s'exprime par les chiffres suivants : En 1913 il y avait 5.029 mineurs remis à la famille ou à un tiers et 1.686 mineurs envoyés dans des colonies pénitentiaires. En 1919, ces chiffres montent à 8.743 et à 2.082, différence qui ne peut pas s'expliquer par le nombre plus grand des prévenus en 1919, puisqu'elle est relativement plus grande.

Depuis longtemps cette question de l'enfance n'est plus une question nationale pour chaque pays ; elle est devenue une question internationale et on a songé à une institution internationale pour la protection de l'enfance (1).

IV. — LE SUICIDE DEPUIS LA GUERRE

Ce serait une omission si nous laissions de côté l'influence de la guerre sur le suicide. Si le suicide n'est un crime que contre soi-même, il n'est pas moins pour cela la preuve de la décadence d'une société à un moment donné.

Il est généralement admis que la guerre a beau-

1. Congrès de l'Association internationale pour la protection de l'enfance tenu à Bruxelles en 1921 (*Revue pénitentiaire*, 1921).

coup fatigué notre système nerveux et par conséquent notre courage pour la résistance aux difficultés de la vie. Les émotions de toutes sortes que la guerre nous a fait éprouver, les difficultés immenses qu'elle a apporté dans notre existence, les brusques changements de situation, de l'opulence à la misère et inversement, ont donné le coup de grâce à l'hypertension et à l'affaiblissement de notre système nerveux (1), que la civilisation nous avait causés. Par conséquent, on a pensé que le suicide est devenu plus fréquent.

Le Dr Jacques Roubinovitch, dans un article paru dans *le Matin* du 4 janvier 1926 donne le signal d'alarme contre l'épidémie de suicide, en nous disant que, depuis quelques années, on se suicide davantage, mais sans citer de chiffres.

Or, voici que les statistiques le démentent ainsi que tous les autres pessimistes. Il semble que la guerre ayant offert de nombreuses hécatombes à l'autel de l'égoïsme national et de Mamona, en procurant aux hommes une mort glorieuse, leur a épargné cette mort obscure qu'est le suicide.

Voilà un tableau comparatif des suicides avec distinction de sexe et âge.

1. Sur cette question voir Georges Dumas, *Troubles mentaux et troubles nerveux de la guerre* (Paris. Alcan).

Années	SUICIDES			AGES DES SUICIDÉS		
	Hommes	Femmes	Total	Moins de 16 ans	de 16 à 21 ans	21 ans et plus
1913	7861	2478	10339	108	862	9869
1914	6275	2111	8386	73	271	8042
1915	4678	1974	6652	55	249	6348
1916	4412	1951	6363	62	290	6011
1917	4127	1855	5982	63	307	5612
1918	4186	1978	6164	58	317	5789
1919	5626	2263	7889	42	208	7639
1922	6383	2249	8712	—	—	—

Il résulte de ce tableau que les cas de suicide ont diminué pendant la guerre et cette diminution persiste, assez considérable, même après la guerre. Mais la diminution est plus grande pour les hommes que pour les femmes. Ce sont peut-être les mêmes raisons qui ont augmenté la criminalité féminine, qui ont empêché le nombre des suicides de baisser davantage. Mais il y a tout de même une diminution ; nous souhaitons qu'elle continue quoique les chiffres de 1922 nous empêchent de caresser cet espoir.

Mais il y a autre chose encore, c'est que le nombre des mineurs de 16 ans, comme celui de 16 à 21 ans a considérablement baissé, et cela contrairement à l'augmentation de la criminalité de cette catégorie.

Enrico Ferri a dit que là où il y a une diminution des suicides, il y aura nécessairement augmentation des meurtres et des assassinats. Or, c'est tout le contraire qui s'est produit en France. Il y a une diminution dans les deux catégories.

La conclusion est que, si l'homme pendant la guerre trouve plus de difficultés pour son existence, il puise dans les événements le courage nécessaire pour les surmonter. Et d'autre part, croyons-nous, ce n'est pas la misère et les difficultés de la vie qui sont les causes les plus importantes du suicide. Ce sont, dans la plupart des cas, le dérèglement de la vie (1), l'amour et d'autres causes purement mondaines et égoïstes, qui sont les plus influentes sur le suicide. Or, ces causes n'ont pas été en jeu ni pendant, ni après la la guerre, puisque la force des événements a empêché les gens de se donner des soucis mondains, ou de mener une vie déréglée et crapuleuse. D'autre part le sentimentalisme amoureux cède de plus en plus sa place au réalisme, qui ne cause pas des émotions violentes.

Finissant avec la criminalité en France nous regrettons de ne pas pouvoir donner des renseignements sur l'évolution de la récidive. Les statistiques d'après guerre ne tiennent plus compte de la récidive. Mais il paraît que le type des voleurs professionnels est en augmentation.

1. En 1922, un multimillionnaire grec s'est suicidé à Athènes parce qu'il avait perdu au jeu quelques milliers de drachmes.

CHAPITRE II

LA CRIMINALITÉ EN BELGIQUE DEPUIS LA GUERRE

La statistique judiciaire belge n'a pas pu être dressée pour les années 1917 et 1918. Même pour les années 1914 à 1916 pour lesquelles cette statistique a été dressée, les données sont très incomplètes en raison de la guerre et de l'invasion de l'ennemi. C'est pourquoi nous ne nous servirons que des statistisques de 1914 et 1920 lesquelles ont eu une rédaction complète et normale. Seulement à titre de renseignements nous citerons quelques chiffres des années 1914 à 1916 pour montrer à quel point la justice répressive a été paralysée par la guerre. Aussi nous retiendrons quelques faits qui malgré l'imperfection des statistiques, sont très significatifs pour l'accroissement de certaines catégories de délits et de délinquants.

Pour les explications qui vont suivre nous ferons la même division de matière que nous avons faite à propos de la criminalité en France.

I. — MOUVEMENT GÉNÉRAL DES AFFAIRES DONT LES PARQUETS SONT SAISIS

Voici un tableau comparatif du nombre des plaintes, dénonciations et procès-verbaux dont les parquets sont saisis pendant la période qui nous intéresse.

Années	Nombres des plaintes, dénonciations et procès-verbaux	Population
1913	234.715	7.638.757
1914	137.292	—
1915	145.468	—
1916	157.674	—
1919	311.926	7.577.027
1920	246.870	7.619.752

Nous voyons dans ce tableau le même fléchissement du nombre des affaires pendant la guerre, que nous avons observé en France. Cette diminution, presque de moitié pour les années de guerre, s'explique par les mêmes raisons qu'en France, et nous n'avons qu'à renvoyer le lecteur aux explications données à ce propos. L'année 1910 présente une forte augmentation, mais ce n'est que le résultat du désordre causé par la démobilisation. Quant à l'année suivante le nombre descend brusquement à un nombre sensiblement égal à celui d'avant guerre.

Les affaires classées sans suite nous montrent que la justice a eu de la peine pour instruire et juger ces affaires, sans compter les actes commis, mais complètement ignorés par elle.

En 1913, le pourcentage des affaires classées était de 51 o/o, 1914 il monte à 56, en 1919 saute à 65, pour descendre à un pourcentage à peu près normal de 54 o/o. Mais cette brusque ascension en 1919 ne doit pas nous émouvoir, parce qu'elle est due probablement à la loi d'adnistie de cette année, qui a eu pour effet d'arrêter de nombreuses poursuites. La population étant sensiblement la même pendant cette période nous n'avons pas à en tenir compte. Nous examinerons d'abord les affaires jugées par les cours d'assises, ensuite dans la statistique criminelle proprement dite, qui comprend la criminalité en général, celle qui présente une certaine gravité et qui peut seule nous permettre des conclusions exactes, nous examinerons la marche de la criminalité générale et nous verrons après qu'elle a été la participation au crime des deux catégories très intéressantes de criminels, celle des femmes, des mineurs et des récidivistes.

II. — AFFAIRES JUGÉES PAR LES COURS D'ASSISES

Il faut noter tout d'abord qu'en Belgique la correctionnalisation est la règle. Tout crime, pour lequel les juridictions d'instruction relèvent des circonstances atténuantes est renvoyé devant les tribunaux correctionnels.

Les affaires jugées par les cours d'assises ont

évolué vers une augmentation surprenante, comme l'indique le tableau suivant :

Années	Nombre des affaires	Nombre des accusés	Nombre des accusés pour crimes contre les personnes.	Nombre des accusés pour crimes contre les propriétés.
1913	91	125	96	29
1919	235	513	309	204
1920	381	902	863	39

Ces chiffres nous surprennent par leur ascension subite.

Mais il faut prendre en considération que les lois du 11 octobre 1916 et du 8 avril 1917 sur la sûreté de l'Etat, votées pour les nécessités de la guerre et appliquées même après la fin de celle-ci, ont créé un grand nombre d'incriminations. Le nombre dû à ces incriminations doit être défalqué du nombre des accusés contre les personnes parce que cette criminalité est temporaire. Or, si nous faisons abstraction des accusés en vertu de ces lois, il ne reste que 143 accusés contre les personnes, pour 1919 et 278 pour 1920. Mais ces chiffres malgré cette défalcation sont énormes.

Nous allons voir quels sont les crimes contre les personnes qui ont augmenté (Voir tableau suivant).

Contrairement à ce que nous avons constaté en France, où nous avons vu une diminution considérable des crimes de violence et d'immoralité, nous

NATURE DES CRIMES	1913		1919		1920	
	Accusés	Condamnés	Accusés	Condamnés	Accusés	Condamnés
Assassinats	45	36	52	40	60	45
Infanticides	2	1	6	4	3	2
Parricides	1	1	7	6	6	6
Meurtres	13	10	24	18	15	12
Meurtres pour faciliter le vol et en assurer l'impunité	10	10	35	32	29	26
Viols et attentats à la pudeur sur les mineurs	22	13	17	16	33	23

constatons ici une augmentation considérable des assassinats, des meurtres, des viols et attentats à la pudeur. La criminalité est-elle aggravée par la guerre? Nous éviterons de nous prononcer dans l'un ou dans l'autre sens, nous réservant pour le moment où nous aurons examiné entièrement la statistique criminelle. Mais il est utile de citer dès maintenant les motifs apparents des principaux de ces crimes, l'assassinat et le meurtre. Nous relevons pour ces crimes les causes suivantes :

Causes apparentes des crimes	1913		1919		1920	
	Assassinats	Meurtres	Assassinats	Meurtres	Assassinats	Meurtres
Colère	1	4	—	1	»	2
Dévergondage	»	»	7	»	5	1
Cupidité	»	6	13	33	16	31
Haine et vengeance	5	12	9	8	4	3
Jalousie	5	8	8	4	8	5

La cause principale de l'effusion du sang, c'est la cupidité. Le désir de l'argent qui est la caractérisique de la période d'après guerre, est la raison primordiale, et tend à absorber toutes les autres, ce qui vient à l'appui de ceux qui, comme Marx et Colajanni attribuent la criminalité au système de la propriété individuelle. La colère, la haine et la vengeance paraissent n'exercer qu'une influence minime. La jalousie paraît bien établie parmi nous et n'a pas varié. Mais le dévergondage montre sa figure détestable après la guerre. Au contraire la misère et la passion amoureuse ne figurent pour rien comme causes d'effusion de sang.

Quant aux crimes contre les propriétés il y a une brusque augmentation pour le vol en 1919 mais en 1920 le nombre tombe à 22 accusés de 171 (en 1919). C'est le résultat de la correctionnalisation qui ne nous permet pas de nous rendre compte de la réalité. Pour cela nous nous réservons de tirer des conclusions lorsque nous étudierons l'ensemble de la criminalité telle qu'elle résulte de la statistique criminelle. Ce qu'il faut noter ici, c'est que les incendies sont presqu'éliminés en 1920. De 14 accusés en 1913 le nombre descend à 1 en 1920.

III. — DONNEES DE LA STATISTIQUE CRIMINELLE

Pour la France nous avons examiné successivement les affaires jugées par les cours d'assises et celles jugées par les tribunaux correctionnels.

Pour la Belgique, ces affaires sont analysées dans la statistique pénale qui ne présente un intérêt qu'au point de vue de l'organisation de la justice répressive et de son fonctionnement. Pour l'étude du mouvement de la criminalité, c'est la statistique « criminelle » qui nous donne les renseignements nécessaires. Cette statistique constate les condamnations définitives prononcées à propos des crimes et des délits, qui présentent une certaine gravité et aussi le sexe et l'âge des condamnés, sans omettre le degré de récidive. C'est donc dans cette statistique que nous allons puiser les chiffres nécessaires. Si nous avons fait un chapitre distinct pour les affaires jugées par les cours d'assises, c'est pour montrer l'évolution de la criminalité la plus grave.

Nous citerons tout d'abord le nombre des condamnations individuelles et celui des individus condamnés, parce que plusieurs individus sont condamnés plus d'une fois dans le courant de la même année.

Il est inutile de rappeler les raisons pour lesquelles nous citerons les chiffres des années de guerre, qui de toute certitude sont au-dessous de la réalité.

ANNÉES	Nombre des condamnations individuelles	Nombre des individus condamnés
1913	60.082	54.223
1914	42.627	39.539
1915	44.068	»
1916	44.875	41.646
1919	39.927	37.885
1920	42.479	39.814

Pour apprécier les chiffres de ce tableau il faut prendre en considération d'une part les lois votées pour les circonstances de la guerre, lesquelles ont créé une criminalité temporaire et d'autre part la loi d'amnistie de 1919.

Or, d'après les tableaux des affaires correctionnelles il y avait pour l'année 1919, 5.176 individus condamnés en vertu de ces lois et en 1920,8.004 (1). Ces chiffres doivent être déduits du nombre des individus condamnés, d'où il résulte une diminution très grande du nombre de ces individus pendant ces dernières années.

Par contre le nombre des amnistiés en 1919 était de 5.035 et en 1920 de 2.300. Ces chiffres viendraient à grossir le nombre des condamnés si l'amnistie n'avait pas lieu. Il faut également prendre en considération le nombre des délits contre lesquels aucune poursuite n'a pas été engagée en raison de l'amnistie.

Donc si nous tenons compte de ces deux faits, il résulte une grande diminution du nombre des individus condamnés et des condamnations individuelles pour les années 1919 et 1920.

Pour 1919, le nombre des condamnés en vertu des lois de guerre étant sensiblement le même que

1. Ces individus n'étant pas tous condamnés définitivement nous ne pouvons pas déduire ces chiffres du nombre des condamnés du tableau ci-dessus. On ne peut qu'avoir une idée approximative.

celui des amnistiés, il en résulte une diminution de 30 o/o, et on ne peut pas penser que les affaires, qui n'ont reçu aucune poursuite à cause de l'amnistie, pouvaient donner un tel pourcentage de condamnés.

Pour l'année 1920, année de paix plus normale, la diminution est encore plus grande et atteint 37 o/o environ.

De toutes ces explications il résulte que la criminalité a beaucoup baissé depuis la guerre. Voilà pourquoi nous nous sommes réservés de nous prononcer l'augmentation de la criminalité en matière de crime. S'il y a une augmentation de meurtres ou de vols qualifiés, cela ne veut pas dire que toute la criminalité a augmenté, ou du moins la criminalité de la même catégorie.

Il y a un fait dans la statistique pénale qui peut nous surprendre à première vue et qui paraît contraire à la conclusion de diminution que nous avons tiré des chiffres de la statistique criminelle. En effet, le nombre des condamnés par les tribunaux correctionnels pour l'année 1920 est très supérieur à celui de 1913. De 48.000 en 1913, il monte à 58.000 en 1920. Mais il faut compter d'une part que ce ne sont pas des condamnations définitives et d'autre part, qu'elles comprennent les délits forestiers et autres de moindre importance, qui ne sont pas considérés comme une criminalité proprement dite. La diminution de la criminalité après la guerre est donc un fait incontestable.

Maintenant nous allons voir quels sont les délits qui ont diminué et s'il n'y en a pas d'autres qui ont au contraire augmenté. Voilà un tableau qui nous montre l'évolution des différentes infractions (Voir tableau p. 66).

Nous nous trouvons à peu près devant les mêmes résultats que pour la criminalité en France. Les infractions contre la sûreté de l'Etat qui présentent une augmentation subite n'ont pas à nous inquiéter, puisqu'elles sont le pur résultat de la guerre. Ce qui est intéressant dans cette espèce d'infractions, c'est la part de plus en plus grande que la femme y prend.

Les infractions contre l'ordre public et les lésions corporelles présentent une grande diminution ; au-dessous de la moitié de ce qu'elles étaient avant la guerre. Donc, comme en France, les actes de violence ont diminué depuis la guerre, ce à quoi personne ne s'attendait. Il est vrai, que nous devons compter à part les crimes de sang, qui n'ont pas suivi la même voie. Les assassinats et les meurtres ont augmenté. Cette augmentation dans une très grande mesure est la conséquence de l'augmentation des actes contre les propriétés, puisqu'un grand nombre de meurtres ont été commis pour faciliter le vol. Mais malgré ce fait, il n'est pas moins douloureux que la vie de son prochain ait été moins respectée depuis la guerre.

Les infractions contre les mœurs et les attentats aux mœurs, ces actes qu'on peut nommer actes

Nature des infractions	1913		1919		1920	
	Hommes	Femmes	Hommes	Femmes	Hommes	Femmes
Crimes et délits contre la sûreté de l'Etat ou qui portent atteinte aux droits politiques garantis par la constitution	17	»	433	254	977	268
Contrefaçon des monnaies, effets publics, etc.	49	8	52	11	61	15
Faux en écritures	312	48	161	42	184	51
Crimes et délits contre l'ordre public par des particuliers	7.380	1.033	2.010	658	3.278	977
Avortement	6	38	12	207	16	105
Exposition ou délaissement d'enfants	78	48	33	24	134	45
Enlèvement des mineurs	32	2	11	8	18	3
Attentats à la pudeur et viols	464	7	189	4	285	6
Prostitution et corruption de la jeunesse	14	27	32	99	30	75
Outrages publics aux bonnes mœurs	783	199	76	49	206	80
Adultère et bigamie	760	589	738	526	1.518	974
Meutre frappé — D'une peine criminelle	32	4	72	19	68	9
Meutre frappé — D'une peine correctionnelle	4	6	4	14	7	8
Lésions corporelles volontaires	17.788	4.883	3.298	1.490	5.670	2.746
Calomnies et injures	1.046	1.223	186	317	425	522

NATURE DES INFRACTIONS	1913		1919		1920	
	Hommes	Femmes	Hommes	Femmes	Hommes	Femmes
Vols et maraudages	5.835	8.330	12.685	4.464	8.948	1.529
Abus de confiance, escroquerie, tromperies....	1.806	669	2.815	1.816	2.236	1.529
Recel..................	622	258	2.857	1.094	1.499	684

d'immoralité, n'ont pas tous suivi la même marche. Les uns ont augmenté tandis que les autres ont diminué. Ainsi, les outrages publics aux bonnes mœurs de 982 en 1913; passent à 125 en 1919 pour monter à 286 en 1920, diminution très grande. Aussi les attentats à la pudeur et viols sont en diminution bien marquée. De 471 en 1913 passe à 193, en 1919 et à 291 en 1920.

Par contre certaines infractions du même genre ont considérablement augmenté ainsi la prostitution et la corruption de la jeunesse de 41 en 1913 montent à 131 en 1919 et à 105 en 1920.

L'adultère et la bigamie ont suivi une marche inquiétante pendant l'année 1920. De 1.349 en 1913 sont monté à 2.492 en 1920.

Nous nous trouvons peut-être dans la même situation qu'en France où le lien matrimonial est de plus en plus battu en brèche.

Les infractions contre la natalité et l'enfance se sont malheureusement accrues comme d'ailleurs nous l'avons constaté dans les statistiques françaises. L'avortement de 44 en 1913 monte à 219 en 1919 et à 111 en 1920. Est-ce une extension des poursuites qui nous donne ces chiffres ? Nous voulons bien le croire, mais les faits sont là et ne nous permettent pas d'être optimistes. L'avortement prend une extension très inquiétante parallèlement aux précautions anti-conceptionnelles. L'enfant n'est plus désiré non seulement par les amants, mais même par les époux, qui au lieu d'y voir un objet d'adoration et de tendresse, y voient une cause d'ennuis et un obstacle à la satisfaction des fausses joies de la vie.

Egalement l'infanticide ainsi que nous avons vu au tableau des affaires jugées par les cours d'assises, de 2 en 1913 montent à 6 en 1919 et à 3 en 1920.

L'exposition et le délaissement d'enfants monte aussi d'une manière inquiétante. De 121 en 1913 à 179 en 1920.

Quant aux actes de violence nous n'avons qu'à répéter ce que nous avons dit à propos de la criminalité en France, à savoir, que la guerre a détourné les hommes de ces actes dont ils ont eu assez pendant sa longue durée. En ce qui concerne les meurtres, nous avons dit qu'ils sont commis pour faciliter le vol. Les trois ordres d'infractions les plus nettement dirigés contre la propriété individuelle et perpétrés, soit directement par le vol soit indirectement par l'escroquerie, l'abus de confiance et les tromperies, ont beaucoup augmenté. Le nombre des vols et des maraudages de 9.165 en 1913, monte à 17.149 en 1919 et à 13.257 en 1920. Le nombre des recels qui n'est qu'une complicité au vol, de 870 en 1913 monte à 3.951 en 1919 c'est-à-dire au quintuple et à 2.183 en 1920 c'est-à-dire au triple en 1920.

Les infractions contre la probité, abus de confiance, escroqueries et tromperies, que nous avons vues en France se développer, ont augmenté dans des proportions inatendues depuis la guerre. De 2.475 en 1913 qu'était le nombre des condamnés, monte à 4.631 c'est-à-dire au double et à 3.765 en 1920 ce qui est encore énorme.

Comment peut-on expliquer cette augmentation constante de ces actes contre les propriétés, étant donné que les autres, comme par exemple les lésions corporelles, ont énormément diminué ? Nous croyons que c'est le résultat de la guerre. La Grande Guerre qui fut un acte de violence et d'exercice de la force la plus brutale, a laissé les gens, en leur dévoilant toute son horreur, et par cela même les a détournés des actes de violence. Mais comme contre-partie, pour ainsi dire, la guerre a poussé les gens vers l'astuce et la fraude. Les enrichissements faciles et rapides pendant la période de la guerre, ont déterminé un mépris du travail honnête. Les spéculations de tous genres, qui enrichissent sans peine, pratiquées avec un grand succès pendant la guerre, ont détourné le monde du travail honnête et l'ont poussé vers les fraudes commerciales et les spéculations illicites.

Il est naturel que ceux qui ne sont pas en mesure d'employer de pareils moyens pratiquent le vol.

Quant à la mendicité et au vagabondage, ils ont beaucoup diminué. En 1913, il y avait 4.945 affaires concernant la mendicité et le vagabondage et 4.505 individus ont été mis à la disposition du gouvernement, c'est-à-dire, ont été condamnés pour ces délits. En 1919, il n'y avait que 1.743 affaires et 1.828 individus mis à la disposition du gouvernement En 1920, il y avait 1.727 affaires et 1850 individus mis à la disposition du Gouvernement, nombre sensiblement le même que celui de l'année précédente.

Le rapporteur de la statistique attribue cette diminution à l'effet bienfaisant de la loi du 27 novembre 1891 sur les dépôts de mendicité et maisons de refuge, mais une baisse si prompte dans quelques années et qui se présente aux années ayant suivi la guerre, ne peut s'expliquer, croyons-nous que par des faits très puissants et extérieurs tels que la mobilisation d'une part et la facilité de travail de l'autre, qui ont remué cette masse de paresseux et l'ont réformée dans sa plus grande partie. Mais avec cela, nous ne voulons pas nier les effets de la loi et les sollicitudes du gouvernement, qui a multiplié le nombre des maisons de mendicité et des maisons de refuge où sont recueillis les individus paresseux ou invalides.

Cette diminution, ayant été constatée également en France, est donc bien un effet de la guerre.

IV. — LA DÉLICTUOSITÉ FÉMININE

Nous venons maintenant à la catégorie des femmés criminelles.

En France, nous avons constaté un très grand accroissement de la criminalité de cette catégorie.

En Belgique aussi nous observons une augmentation, mais pas aussi considérable. Le tableau cidessous nous montre l'évolution de cette criminalité.

Année	Hommes condamnés Nombre total	Proportion 0/0	Femmes condamnées Nombre total	Proportion 0/0
1913	41.354	76	12.869	24
1914	29.604	74	9.935	26
1915	28.911	72	11.289	28
1916	27.065	66	15.581	34
1919	26.578	70	11.307	30
1920	27.026	67	12.788	33

Dans ce tableau nous voyons que le pourcentage augmente de quelques unités pendant la guerre et cette augmentation persiste même pour les années d'après guerre et dans les plus grandes proportions. Mais ces proportions sont peut-être dues à la diminution de la criminalité masculine qui est résulté de la guerre. Si nous comparons la criminalité féminine en elle-même, nous ne voyons pas d'augmentation.

Pendant l'année 1916 seulement nous constatons une augmentation considérable qui montre que la guerre a beaucoup poussé la femme au crime. Mais en 1920, le nombre est sensiblement le même que celui de 1913. Il ne faut cependant pas dire que la criminalité féminine n'a pas augmenté en elle-même. Par cela seul qu'elle n'a pas diminué avec le nombre général des condamnés, il paraît avoir augmenté.

Le nombre des hommes condamnés n'est pas dû exclusivement à des causes de guerre (diminution de la population masculine), mais bien à une diminution réelle marquée dans certains délits (exemple : lésions corporelles). Le nombre des femmes, devait donc aussi diminuer dans une proportion analogue.

Pour mieux comprendre cette augmentation non apparente, nous allons voir sur quelles infrations a porté cette augmentation. Du tableau cité précédemment (page 66) il résulte que la criminalité féminine a augmenté pour les infractions contre la sûreté de l'Etat et ce qui prouve que la femme est sortie de son rôle familial et rentre de plus en plus dans la lutte sociale. Aussi, elle a augmenté pour les infractions contre les propriétés, où la femme paraît avoir du talent dans la fraude et l'astuce. Tant que la criminalité évolue de la violence à la ruse, la femme prend une plus grande part dans la criminalité.

Même à propos des infractions qui présentent une

diminution, la proportion féminine a augmenté. Il en est ainsi pour les infractions contre l'ordre public et les lésions corporelles.

Pour les premières la proportion de 12 o/o est montée à 24 c'est-à-dire du simple au double pour les années 1919 à 1920.

Pour les deuxièmes de 24 o/o elle est montée à 31 et à 32 o/o.

Nous ne pouvons donc pas conclure que la criminalité féminine a diminué, car dans les principaux délits qui marquent la criminalité proprement dite, la femme a pris une part plus grande qu'avant la guerre. Et si nous tenons compte de la qualité des infractions, l'augmentation des infanticides et des avortements, ne nous permet pas de conclure à une diminution.

Quant aux causes principales qui ont favorisé cette évolution de la criminalité féminine depuis la guerre, nous les avons énumérées à propos de la criminalité féminine en France.

V. — LA DÉLICTUOSITÉ DES MINEURS

Cette catégorie de criminels qui est l'objet des plus grandes sollicitudes de la Société, présente une augmentation, mais pas aussi grande qu'en France. Voici la proportion des mineurs de 16 à 18 ans relativement au total des condamnés.

Années	Total des condamnés	Condamnés de 16 à 18 ans	Proportions pour 0/0
1913	54.223	2.608	5
1916	41.446	3,162	7,5
1919	37.885	2.557	6,7
1920	39.814	2.338	6

Il en résulte que la proportion a augmenté pendant la guerre, mais en 1920, cette augmentation s'est beaucoup atténuée. Cette proportion est influencée par la diminution du nombre des condamnés après la guerre. Le nombre absolu des mineurs condamnés présente une diminution sensible.

Le nombre des mineurs dont les parquets ont eu à s'occuper n'a pas non plus beaucoup varié, comme il résulte du tableau suivant :

	1913	1919	1920
Nombre des mineurs dont les parquets ont eu à s'occuper............	17.177	18.352	16.597
Nombre des mineurs ayant fait l'objet d'une mesure.	4.123	3.065	3.462

Il résulte une diminution du nombre des mineurs qui ont fait l'objet d'une mesure ce qui confirme le tableau ci-dessus où il y a une diminution du nombre absolu des mineurs condamnés.

L'augmentation du nombre des mineurs dont les parquets ont eu à s'occuper en 1919 et sa diminution en 1920 nous amène à penser qu'en réalité la guerre a causé un accroissement des jeunes délinquants et que la diminution en 1920 n'est que le résultat des grandes sollicitudes de l'Etat vis-à-vis de l'enfance après la guerre.

L'Etat belge a montré plus de sollicitude vis-à-vis de l'enfance et s'est efforcé d'annihiler l'effet démoralisant de la guerre.

VI. – LA RÉCIDIVE

Le nombre des récidivistes a considérablement diminué pendant la guerre. Ces professionnels du crime paraissent en décroissance aussi bien les récidivistes spécialistes que les récidivistes non spécialistes.

Le nombre total des récidivistes de 25.183 qu'il était en 1913, est descendu à 15.067 en 1920. C'est-à-dire une diminution de 40 o/o environ.

Le nombre des récidivistes spécialistes de 11.395 qu'il était en 1913, est descendu à 6.596 en 1920, c'est-à-dire, qu'il a baissé environ de moitié.

Contrairement à ce que l'on pourrait s'attendre, vu l'accroissement des vols, la récidive a beaucoup diminué. La guerre ne l'a point favorisée. C'est peut-être à l'intérêt particulier que porte la justice belge à cette catégorie, la plus redoutable des criminelles, que cette diminution est due. La répression plus intense de l'alcoolisme qui a eu son effet sur la diminution des actes de violence et d'immoralité, ne paraît pas étrangère à cette diminution, vu que le plus grand nombre des récidivistes sont des ivrognes.

CHAPITRE III

LA CRIMINALITÉ DEPUIS LA GUERRE EN GRANDE-BRETAGNE

Pour l'étude de la criminalité de ce pays, nous ne sommes pas en mesure de donner des explications minutieuses et de contrôler selon notre méthode, les données statistiques. Mais le fonctionnement de la justice répressive de ce pays n'ayant pas été atteint par la guerre, comme pour les pays dont nous venons d'étudier la criminalité, les chiffres absolus de la statistique, peuvent nous donner une idée relativement exacte, si nous tenons compte de certains faits qui viendraient à altérer la portée de ces chiffres.

Le nombre de prévenus pour infractions indictables (1) a considérablement baissé depuis la guerre.

Avant la guerre, ces infractions étaient en croissance et en 1913 elles s'exprimaient par un nombre de 63.269 prévenus. Pendant la guerre ce nombre a baissé à une moyenne de 58.000 environ pour les années 1914 à 1919; mais ce sont les causes de la

1. Infractions indictables, sont celles qui normalement doivent être jugées par le Grand Jury, et non indictables, les infractions qui sont jugées sans cette intervention.

mobilisation qui expliquent cet abaissement. En 1920, le nombre est de 60.617 et l'année suivante, il monte légèrement à 61.355. Depuis il suit une marche descendante et en 1924 il est de 57.374, ce qui présente une diminution de 6.000 prévenus environ.

Le nombre des condamnés pour ces mêmes infractions a suivi une marche parallèle. De 29.211 qu'il était en 1913 il descend à 25.029 en 1922, c'est-à-dire une diminution de 14 o/o. Et si l'on prend en considération l'augmentation de la population, on voit que la diminution est encore plus considérable. Le nombre des infractions connues par la police semble avoir augmenté depuis la guerre. De 97.333 qu'il était en 1913, il est monté à 112.574 en 1924 après avoir suivi une marche progressive pendant les années précédentes.

Pendant les quatre années 1920, 1921, 1922, 1923, le nombre était respectivement, 100.627, 103.258, 107.320, 110.206. Mais cette augmentation est plutôt apparente, puisque depuis la guerre on a rangé dans cette catégorie des infractions qui n'y entraient pas auparavant.

D'autre part, si l'on tient compte de l'augmentation de la population, le nombre des prévenus pour ces infractions a considérablement diminué malgré que le nombre des infractions ait légèrement dépassé celui d'avant guerre (1).

1. *Times* de Londres du 30 mars 1926, *Killed criminals increasing 1924 Statistics.*

Les infractions « non indictables » présentent une sensible diminution, qui serait encore plus considérable, si elle n'était pas influencée par le nombre des accidents d'automobiles, qui eux, présentent une augmentation énorme. De 40.000 qu'ils étaient en 1903, ils sont montés à 200.000 en 1924. Mais si l'on fait exception des accidents d'automobiles, on observe en 1924 une diminution de 48 o/o des infractions au règlement de la police par rapport à celui d'avant guerre. Aussi une diminution de 60 o/o des cas d'ivresse, ce qui est dû au haut prix des boissons à la diminution du degré alcoolique des boissons et aussi à la restriction des heures de vente de ces boissons. Toutes les autres infractions de la même catégorie (non indictables ofences) ont diminués de 31 o/o (1).

Si maintenant nous cherchons la nature des infractions qui ont diminué, et la nature de celles qui, malgré cette grande diminution de la criminalité en général, sont resté infractaires à ce mouvement de diminution, nous voyons que nous nous trouvons dans les mêmes fluctuations que dans les deux autres pays que nous venons d'étudier. Cela prouve que la guerre a produit partout les mêmes effets.

Les crimes de sang, assassinats et meurtres ont légèrement diminué. Leur nombre absolu est resté à peu près identique, exprimé par le chiffre de 150, mais si l'on prend en considération l'augmentation

1. *Times* de Londres 30 mars 1916. *Crimes et punishements*.

de la population, il résulte une diminution. Les meurtres correspondent à 3, 9 pour 1 million d'habitants en 1924 au lieu de 6, 2 en 1870. Donc, la diminution est lente mais sûre, et la guerre n'a pas troublé cette marche descendante. Le nombre des attentats, contre les personnes, connus par la police est passé de 2.000 qui était la moyenne pour les cinq années d'avant guerre, à 1.300 en 1924. Le nombre des poursuites pour coups et blessures a diminué depuis 1900 de 50 o/o.

Le nombre des coups et blessures (contraventions de simple police) de 43.147 qu'il était en 1913, est descendu à 40596 en 1920 et à 33.753 en 1922.

Donc les actes de violence ont subi la même diminution que dans les deux autres pays.

Le nombre des avortements a augmenté. De 31 qu'il était en 1913 a monté à 54 en 1918 à 60 en 1919 et après est redescendu à 35 à 1920 et 39 en 1921.

Cette augmentation n'est pas aussi considérable que dans les autres pays. La suppression d'enfants a aussi augmenté. De 93 en 1913 elle est montée à 112 en 1921 et à 111 en 1922. Les délits contre les mœurs ont suivi des voies différentes. Le bigamie (1). augmente. De 133 qu'était le nombre des affaires en 1913, il est monté à 722 en 1920 et après est descendue à 570 en 1921 et à 454 en 1922. Malgré cette décroissance le nombre n'est pas moins du triple de

1. Nous croyons que dans cette qualification on comprend l'adultère.

celui d'avant-guerre. Au contraire, les autres actes d'immoralité ont considérablement diminué pendant la guerre.

Ainsi, le nombre des attentats à la pudeur contre les femmes majeures, de 258 en 1913 descend à 152 en 1919, et remonte légèrement pour les années suivantes (184 en 1920, 170 en 1922). Aussi le nombre des attentats à la pudeur contre les filles mineurs de 16 ans, présente une diminution de 40 o/o environ. Mais pour les dernières années, le nombre des attentats à la pudeur, quoique inférieur à celui d'avant guerre, commence à remonter progressivement, ce qui confirme notre explication donnée à propos de la diminution de ces actes en France. Il paraît bien que c'est un résultat de la guerre puisque ces actes étant le résultat de l'assouvissement se commettent quand le bien-être s'accroît, car alors la sensualité hante la tranquilité des esprits pervers.

Les délits de paresse, la mendicité et le vagabondage, ont énormément diminué. Le vagabondage de 7.131 qu'il était en 1913 a baissé à 1.312 en 1919, puis il remonte légèrement au chiffre de 2.575 en 1920 et de 2.536 en 1922.

La mendicité, de 20.390 qu'elle était en 1913, a baissé de 2.198 en 1919 puis remonte à 3.634 en 1920, et à 5.182 en 1922.

Nous rangerons dans cette catégorie d'infractions, la prostitution. De 10.829 qu'était en 1913 le nombre de ces contraventions, a baissé à 5.743 en 1920 et à

5.013 en 1922. Nous croyons que ce sont les mêmes causes que nous avons développées à propos de ces actes en France, qui ont agi dans ce pays. Mais ici il y a un autre phénomène social qui doit attirer notre attention. C'est le chômage qui est résulté en Angleterre depuis la guerre. Plus d'un million d'ouvriers chôment dans ce pays depuis plusieurs années et cependant ni la criminalité ni les délits de paresse n'ont augmenté.

Jusqu'à maintenant nous avons vu que le nombre des principales infractions ont beaucoup diminué depuis la guerre, exception faite de l'avortement et de la bigamie qui eux ont augmenté.

Nous arrivons à une autre catégorie, laquelle, tout au contraire, a énormément augmenté. Ce sont les infractions de malhonnêté et d'improbité.

Les vols que nous avons vu augmenter en France et en Belgique, n'ont pas suivi une marche inverse en Grande-Bretagne. Il en est de même de l'escroquerie et de l'abus de confiance. C'est peut-être la caractéristique de la période d'après guerre.

Le nombre des accusées pour vol à l'étalage avec effraction de 1886 qu'il était en 1913 est monté à 2.500 environ en 1919 et depuis il n'a varié que très peu jusqu'en 1924. Mais si le nombre des accusés est resté au même niveau, le nombre des crimes ne cesse pas de s'accroître. De 7.691 qu'était la moyenne pour les années 1919 à 1923, le nombre est monté à 8.939 en 1924. Cela se produit par le fait que plusieurs de ces accusés n'ont été arrêtés, qu'après qu'ils avaient commis un certain nombre de ces crimes, ou bien sont restés complètement ignorés par la justice. Le nombre de vols des domestiques a aussi augmenté. De 1.400 qu'il était environ en 1913, il a monté à 2.800 en 1920 et depuis il n'a pas cessé d'augmenter.

Le nombre des vols simples ne cesse pas de s'accroître malgré que le nombre des prévenus pour les raisons que nous avons données plus haut reste sensiblement le même depuis 1919. Nous n'avons pas les chiffres d'avant guerre pour les comparer avec ceux d'après guerre, mais dans l'article précité (1) nous relevons ce passage qui nous informe sur ce point (l'augmentation des crimes de vols à l'étalage, avec effractions, des vols dans les magasins, des vols divers et fraudes, a continué en 1924). Le nombre des vols simples connus à la police, de 69.000 environ qu'était la moyenne des années 1919 à 1922, monte à 73.000 en 1923 et 75.000 en 1924. Cela prouve qu'il y a augmentation progressive depuis la guerre.

Le nombre des condamnés pour recel de 1.256 en 1913 est monté à 1.800 en 1921. Les fraudes parallèlement aux vols ont aussi augmenté. Le nombre des « obtaining by false pretences » (tromperies) de 2.149

1. *Times* de Londres du 30 mars 1926, *Stilled criminals increasing 1924 statistics.*

qu'il était en 1913 est monté à 2.680 en 1920 et à 3.255 en 1922.

Cet accroissement du nombre des infractions contre les propriétés est dû, comme nous l'avons observé à propos de la criminalité en France et en Belgique, d'une part à la facilité de l'enrichissement rapide pendant la guerre qui détourne les gens du travail honnête et les pousse vers les fraudes commerciales et les escroqueries et d'autre part de ce que les classes inférieures de la Société ont une tendance à vivre sur un pied supérieur à celui que leurs conditions économiques leur permettent. Mais il ne faut pas omettre que le nombre des criminels adroits et entraînés pour éviter de se faire prendre, est aussi la cause de cet accroissement. Le chômage qui depuis plusieurs années sévit en Angleterre, paraît avoir sa part de complicité dans cet accroissement. Il est vrai que les chômeurs reçoivent une allocation de l'Etat mais, d'une part, elle est insuffisante et d'autre part, elle ne peut pas parer aux maux de cette paresse forcée.

Pour les deux plus intéressantes catégories de délinquants nous n'avons pas pu obtenir les éléments nécessaires pour établir leur évolution. Pour les mineurs seulement nous trouvons dans la *Revue pénitentiaire* de l'année 1920 un article signé A. P. qui nous dit que le nombre des arrestations de mineurs à Londres a presque doublé de 1914 à 1917. Ce nombre a été de : 3.346 en 1914 et est monté à 6.175 en 1917. Il paraît donc que la délictuosité des mineurs dans ce pays a augmenté.

Quant à la récidive elle est en croissance. La preuve est fournie par l'augmentation très grande des vols alors que le nombre des prévenus pour ces délits reste stable.

Nous dirons quelques mots sur le suicide. Contrairement à ce que l'on s'attendait le nombre des suicides présente une diminution considérable et constante. La même diminution que nous avons constatée en France.

Le nombre des suicides de 2.478 en 1913, a baissé à 845 en 1918. Depuis il a commencé à remonter progressivement et a atteint le chiffre de 1.751, Mais depuis, il recommence à baisser. En 1921, 1.380 et en 1922, 1461.

Donc ce n'est pas la guerre qui a favorisé l'augmentation du suicide, mais bien au contraire la paix, où la misère paraît plus injuste et décourage, et où la débauche mondaine inspire le dégoût de la vie.

CHAPITRE IV

LA CRIMINALITE DEPUIS LA GUERRE EN ITALIE

En Italie, comme en Belgique, il y a deux statistiques pénales ; l'une, la statistique pénale, proprement dite, qui concerne le fonctionnement de la justice répressive suivant les divers degrés de juridiction, et l'autre, la statistique criminelle, qui ne tient compte que des décisions définitives et irrévocables rendues à propos d'infractions qui présentent une certaine gravité, et des individus condamnés par ces décisions, avec indication de sexe, de l'âge, du degré de récidive, du degré d'instruction, etc. C'est dans cette seconde statistique que nous porterons notre étude puisqu'elle est faite à cette fin. Il est nécessaire de noter cela, parce que si l'on consulte la statistique pénale on voit que le nombre des affaires monte, tandis que dans la statistique criminelle le nombre des condamnations définitives diminue.

Cette contradiction apparente résulte d'une part par le fait qu'un grand nombre de condamnations de de la statistique pénale, ne figure pas dans la statistique criminelle comme ne présentant aucune gravité, et d'autre part par la mise en vigueur en 1914 du nouveau code de procédure pénale qui a beaucoup facilité le dépôt des plaintes. La plupart de ces plaintes ne présentant pas de gravité sont renvoyés aux Tribunaux de simple police dont la compétence est beaucoup élargie par ce Code.

Dans les statistiques criminelles nous voyons que le nombre des condamnations individuelles et celui des individus condamnés va en diminuant depuis 1910. Voici un tableau comparatif :

	1910	1914	1915	1916	1917	1918	1919
Nombre total des condamnations individuelles...	153.845	132.096	114.902	97.455	95.591	77.265	84.069
Nombre total des individus condamnés.........	141.527	121.386	103.859	89.960	88.488	72.366	78,521
Différence...	12.318	10.710	11.043	7.493	7.102	4.899	5.548

Les chiffres absolus du tableau présentent bien une diminution successive et continue, mais il ne faut pas les prendre comme ils sont. En effet, il y a certains faits que nous devons prendre en considération.

D'une part, la loi d'amnistie de décembre 1914 qui a arrêté un très grand nombre de poursuites, d'autre part, l'état de guerre qui naturellement a causé la même irrégularité au fonctionnement de la justice que dans les autres pays que nous venons d'étudier. Il n'y a donc que sur l'année 1919 que nous pouvons porter la comparaison. Mais cette dernière a eu aussi ses irrégularités. D'une part le fonctionnement de la justice répressive n'était pas complètement rétabli et d'autre part la loi d'amnistie, très large, de 1919 a eu pour effet le classement d'un grand nombre d'affaires.

Nous ne connaissons pas la variation de la population. Dans la statistique de 1922 nous ne trouvons que la population d'après le recensement de 1911 était de 27.316.476 habitants, soit 13.273.850 hommes et 14. 742. 671 femmes.

De tout cela il résulte que nous n'avons pas de données sûres pour l'époque d'après guerre. pour faire une comparaison exacte. Les statistiques postérieures à 1919 n'ont pas encore parues. Ce sont elles qui nous montreront mieux l'influence que la guerre a exercé sur la criminalité de ce pays. Mais nous pouvons dès maintenant dire que la criminalité générale n'a pas augmenté. En 1919, le nombre de condamnations est légèrement supérieur à celui de l'année précédente et pour les raisons que nous avons dit, ce nombre devait être beaucoup supérieur, mais, tout de même, nous ne croyons pas, que, si ces raisons n'existaient pas le nombre pourrait atteindre le chiffre de 153.000 ou 132.000 qu'était avant la guerre.

Quant à la rédicive manifestée dans le courant de

la même année, elle n'a pas augmenté, comme le montre le tableau comparatif suivant :

	1910	1914	1915	1916	1917	1918	1919
	—	—	—	—	—	—	—
Proportion pour % des récidivistes pendant la même année.	8.7	8.8	10.6	8.3	8	6.7	7

En 1915, cette récidive a atteint son point culminant avec un pourcentage de 10.6, mais depuis elle a commencé à s'atténuer pour atteindre en 1918 et 1919 des pourcentages bien inférieurs à celui d'avant guerre.

Maintenant, nous examinerons les diverses catégories d'infractions pour voir quelles sont celles qui ont diminué et s'il y en a d'autres qui ont au contraire augmenté.

Nous diviserons les infractions en quatre catégories :

Dans la première catégorie nous rangerons les infractions contre l'Administration publique.

Dans la seconde nous rangerons les infractions contre les personnes et les actes de violence en général.

Dans la troisième nous rangerons les infractions contre les bonnes mœurs.

Dans la quatrième les actes contre les propriétés et la foi publique.

Naturellement nous ne prendrons en considération que les principales de ces infractions.

Quant au vagabondage et à la mendicité, ces actes ne sont pas considérés comme infractions et par conséquent la statistique criminelle n'en parle pas.

INFRACTIONS CONTRE L'ADMINISTRATION PUBLIQUE

Voici un tableau comparatif des principales de ces infractions :

	Nature des infractions	1910	1914	1915	1916	1917	1918	1919
Contre les agents de la force publique	Violences, résistances et outrages	14.883	12.561	10.798	6.700	8.853	6,817	6.147
	Autres infractions.........	1.007	1.205	818	652	693	419	807
Contre l'administration de la justice	Calomnies et simulations	827	635	698	417	380	329	315
	Autres infractions	6,836	5.932	5.251	3.851	3.427	2.344	2.343

Il résulte de ce tableau une grande diminution des infractions de cette catégorie. Mais pour apprécier ces chiffres il faut prendre en considération, d'une part, les causes de la guerre (mobilisation, mauvais fonctionnement de la justice) qui ont contribué à cette différence et d'autre part, pour l'année 1919, la loi d'amnistie de cette année. Cette loi doit avoir exercé une grande influence étant donné que les infractions de cette catégorie sont les plus susceptibles d'être amnistiées. Donc si réellement une diminution de ces réfractions a eu lieu, cette diminution est beaucoup moins considérable qu'elle ne paraît.

INFRACTIONS CONTRE LES PERSONNES ET ACTES DE VIOLENCES EN GÉNÉRAL

Sous ce titre nous comprendrons toutes les infractions qui s'entendent par cette dénomination, mais nous ferons exception des infanticides et des avortements et de l'abandon d'enfants que nous rangerons parmi les infractions contre les mœurs.

Voici un tableau comparatif des principales de ces infractions :

Nature des infractions	1910	1914	1915	1916	1917	1918	1919
Homicide simple	910	571	760	599	442	372	399
Homicide qualifié et agravé ..	314	177	211	189	156	134	134
Lésions corporelles graves....	8.082	4.915	6.309	3.449	2.519	2.169	2.787
Lésions corporelles légères....	36.960	30.426	21.947	15.882	14.622	11.152	11.531
Violences privées et menaces...	8.462	6.667	4.767	3.254	2.978	2.363	2.828
Injures	8.864	7.307	5.354	5.193	4.792	3.480	2.145
Diffamations....	1.501	1.233	713	764	814	584	759

Ce qui nous frappe le plus dans ce tableau, c'est la diminution au-dessous de la moitié des homicides. Pour les autres pays, que nous avons étudiés, nous n'avons constaté qu'une diminution faible de ces actes, et même en Belgique une petite augmentation.

A quoi doit-on attribuer cette énorme diminution ?

Tout d'abord nous ne pouvons admettre que cette grande diminution puisse s'expliquer par les seules causes de la guerre qui ont entravé l'œuvre de la justice, ou par la loi d'amnistie de 1919. Il paraît plus probable d'admettre que la guerre a eu un effet bienfaisant en ce sens, qu'il a détourné les gens de l'effusion de sang.

Nous constatons encore une diminution plus considérable pour les autres actes de violence. Le nombre des lésions corporelles aussi bien graves que légères est descendu à peu près au tiers. Le nombre des autres violences et menaces est aussi descendu au tiers. Et la même diminution se présente pour les injures et les diffamations. Nous constatons donc dans les actes de violence la même diminution que dans les autres pays. Nous ne pouvons que répéter ce que nous avons dit à ce propos pour les autres pays, que la guerre, non seulement n'a pas déchaîné la violence, mais tout au contraire, elle l'a beaucoup restreinte.

INFRACTIONS CONTRE LES MŒURS

Dans cette catégorie nous rangerons aussi les infractions contre l'enfance comme se rattachant à la moralité.

Les infractions de cette catégorie, comme dans les autres pays que nous avons étudiés, n'ont pas suivi la même marche, comme il paraît du tableau comparatif suivant :

Nature des infractions	1910	1914	1915	1916	1917	1918	1919
Violences charnelles et actes de lasciveté.......	1.053	762	871	655	540	389	397
Corruption des mineurs et outrages à la pudeur....	1.341	1.156	761	542	530	391	514
Excitation à la débauche..	232	218	364	290	212	166	200
Adultère................	571	617	333	290	254	224	703
Infanticides..............	49	42	43	37	35	36	67
Procuration d'avortements	41	21	63	59	77	67	56
Abandon d'enfants et abus de moyens de correction	737	540	600	439	343	300	351

Le nombre des infractions sensuelles (charnelles), de la corruption des mineurs et des outrages à la pudeur, présente une diminution de presque 60 o/o. Le nombre de l'excitation à la débauche présente aussi une légère diminution. Le nombre de l'abandon des enfants est descendu au-dessous de la moitié.

Ces diminutions sont de toute probabilité dues

dans une grande partie aux causes de la guerre que nous avons énoncées plus haut, mais ces causes ne peuvent pas à elles seules expliquer cette énorme diminution. Par conséquent, nous devons conclure à une diminution réelle de ces actes. Nous avons dit à propos de la diminution de ces actes en France quelles explications nous donnons à ce sujet.

Le nombre des adultères présente une grande diminution pour les années de guerre mais après, il augmente brusquement et dépasse de beaucoup le nombre d'avant guerre. Cela est peut-être le résultat de la démobilisation des maris. L'infanticide aussi présente une légère diminution pour les années de guerre, mais aussitôt après il a augmenté de façon à dépasser de 20 unités le nombre d'avant guerre.

Le nombre de la procuration d'avortement après avoir presque doublé en 1917 a commencé depuis à s'atténuer, mais il présente quand même une grande augmentation par rapport au nombre d'avant guerre.

Les infractions de ce deuxième groupe n'ont pas augmenté dans les mêmes proportions que dans les autres pays. En France par exemple, nous avons constaté une augmentation bien plus considérable de ces infractions. Cette différence s'explique peut-être par la différence de surcivilisation de divers pays. Car ces infractions paraissent être la conséquence de la surcivilisation, qui se remarque par le relâchement du mariage et la diminution de la natalité.

INFRACTIONS CONTRE LES PROPRIÉTÉS ET LA FOI PUBLIQUE

Dans cette catégorie nous rangerons des actes d'improbité et d'astuce dirigés directement ou indirectement contre les propriétés.

Voici un tableau comparatif des infractions de cette catégorie :

Nature des infractions	1910	1911	1915	1916	1917	1918	1919
Vol simple.....	25 233	24.150	22.265	24.211	22.836	18.540	20.904
Vol aggravé....	2.766	2.389	2.512	2.796	3.355	3.155	4.043
Vol qualifié.....	11.557	9.615	10.736	11.484	10.635	9.771	12.076
Recel...........	1.751	1.500	1.726	1.965	2.238	2.037	2.919
Fraudes commerciales	1.168	632	636	1.176	1.921	1.002	1.307
Filouteries et autres fraudes..	3.069	3.442	4.015	2.364	2.025	1.431	2.123
Délits contre la santé et l'alimentation.....	360	351	418	614	739	563	389
Fausse monnaie.	34	46	32	30	25	32	17
Faux en écriture.	475	518	537	400	321	276	325
Incendie........	99	84	94	71	55	70	58

Les données de ce tableau sont difficilement explicables.

En ce qui concerne les vols, nous constatons, d'une part, une légère diminution des vols simples, et d'autre part une augmentation des vols graves et qualifiés. Est-ce que nous devons conclure à une diminution de ces actes ? Nous croyons que non. En effet, le fait que ce sont les vols simples qui présentent une diminution nous amène à penser que cette dernière est le résultat de l'amnistie de 1919 et que par conséquent les vols en général, y compris le recel, ont augmenté comme dans les autres pays.

Les fraudes commerciales et les délits contre la santé et l'alimentation présentent une augmentation sensible pour l'année 1919 par rapport à celle de 1910. Et nous croyons que cette augmentation serait encore plus considérable si la loi d'amnistie n'était pas intervenue.

Au contraire, les autres infractions, filouterie, fausse monnaie et faux en écriture, après avoir augmenté pendant les premières années de la guerre, ont depuis suivi une marche descendante, et présentent une diminution sensible même en 1919.

Le nombre des incendies présente une grande diminution de 99 en 1910 il a baissé à 58 en 1919 soit : 40 o/o.

A propos de ces actes que devons-nous penser?

Dans les autres pays nous avons constaté une augmentation considérable. Est-ce qu'en Italie ces infractions ont suivi une marche contraire ? Nous croyons que rien ne nous permet de conclure en ce sens. La seule chose qu'on puisse dire à ce propos, c'est que ces actes d'improbité et d'astuce n'ont pas augmenté dans d'aussi grandes proportions que dans les autres pays, mais ils présentent quand même une augmentation, qui serait encore plus sensible si l'amnistie n'était pas venu arrêter un grand nombre de poursuites pour ces actes.

DELICTUOSITÉ FÉMININE ET DES MINEURS

Examinons d'abord la délictuosité féminine.

Voici un tableau comparatif des femmes condamnées.

Années	Nombre total des condamnés	Nombre des femmes condamnées	Proportion pour cent
1910	141.527	25.614	18
1914	121.386	22.174	18.4
1915	103.859	19.118	19
1916	89.960	23.637	26
1917	88.489	27.994	32
1918	72.366	23.858	33
1919	78.521	21.119	27

Il résulte du tableau que la délictuosité féminine a suivi une marche ascendante, comme dans les autres pays.

Le pourcentage de 18 o/o en 1910, monte progressivement et atteint en 1918 presque le double (35 o/o). Pour l'année suivante il y a une atténuation considérable, cependant le pourcentage est encore bien supérieur à celui de 1910.

Nous nous trouvons ici devant la même augmentation de cette délictuosité que dans les autres pays que nous venons d'étudier, et nous n'avons qu'à renvoyer aux explications données à ce propos pour la France en ce qui concerne les causes de cette augmentation.

Nous arrivons maintenant à la délictuosité des mineurs sur lesquels nous avons constaté que la guerre a exercé une influence néfaste. Voici un tableau comparatif :

Années	Nombre total des condamnés	Nombre des mineurs de 18 ans	Proportion pour cent
1910	141.527	19.808	14
1914	121.386	16.186	13.5
1915	103.859	13.938	13.6
1916	89.960	17.904	20
1917	88.489	18.904	22
1918	72.366	17.361	24
1919	72.521	15.403	19.7

Dans ce tableau nous constatons que le nombre des mineurs condamnés n'a pas augmenté dans ces chiffres absolus, mais son pourcentage a considérablement augmenté.

M. Spallanzani, Directeur au Ministère de la justice d'Italie dans une étude publiée dans la revue *Scuola Positiva* (1) dit que nous ne devons pas considérer le nombre absolu des mineurs condamnés, mais le pourcentage de ce nombre par rapport au nombre total des condamnés, parce que le seul fait que ce nombre n'a pas diminué dans les mêmes proportions que le nombre total des condamnés, prouve que la délictuosité des mineurs a augmenté.

Donc, nous constatons en Italie la même augmentation des jeunes délinquants, que dans les autres pays.

1. Alfredo Spallanzani, *La criminalité des mineurs en Italie* Rev. *Scuola Positiva*, n° août-septembre 1921.

CHAPITRE V

LA CRIMINALITÉ DEPUIS LE GUERRE EN ROUMANIE

La statistique roumaine ne tient compte que des crimes, c'est-à-dire, des affaires jugées par les cours d'assises. Dans un article (1) de M. Radulescu, nous trouvons un commentaire des statistiques. Cet article nous donne des renseignements sur la marche de la criminalité en Roumanie depuis la guerre.

L'auteur de l'article donne le signal d'alarme pour l'augmentation énorme de la criminalité depuis la guerre.

Malgré l'état de siège qui a donné compétence aux conseils de guerre pour un certain nombre de crimes, le nombre des affaires jugées par les cours d'assises a beaucoup augmenté. Voici un tableau comparatif :

En 1914	612
En 1919	801
En 1920	1.007
En 1921	1.062
En 1922	1.170
En 1923	1.174

1. *La criminalité d'après guerre* (*Revista pénale*, août-octobre 1925. Bucarest).

Le nombre des affaires criminelles a presque doublé depuis la guerre.

Quant aux crimes contre les personnes, l'auteur de l'article ne parle que de l'augmentation des infanticides et des avortements ce qui prouve a *contrario* que les autres crimes ne présentent pas d'augmentation. Cela est conforme à ce que nous avons observé pour les autres pays.

Par contre les crimes contre les propriétés ont beaucoup augmenté ce qui concorde bien avec ce que nous avons constaté en France, en Belgique et en Grande Bretagne. Sur ces crimes l'auteur de l'article dit : « les crimes contre les propriétés ont augmenté notamment, les vols qualifiés, les brigandages et les incendies volontaires. Quant aux causes, il dit qu'elles doivent être recherchées dans les transformations de conditions économiques d'après guerre, qui ont causé des perturbations surtout aux habitants des villes. La rupture de l'équilibre économique a fait naître de grandes difficultés dans la lutte pour l'existence. Le sentiment de probité a été déraciné. Le déséquilibre économique a eu pour conséquence d'intensifier le désir d'enrichissement et de pousser les gens à l'emploi de moyens contraires à la loi pénale. »

L'accroissement de la criminalité des mineurs que nous avons constaté dans les autres pays, est encore plus considérable ici. M. Radulescu dit que le nombre des mineurs condamnés a augmenté de 36 o/o par rapport à l'année 1914.

Quant aux causes de cet accroissement, M. Radulescu énumère les causes suivantes que nous croyons utiles de reproduire ici parce qu'elles s'appliquent aussi aux autres pays.

« En dehors des causes générales qui ont déterminé cet accroissement, il faut compter que des causes spécifiques produites par la guerre sont intervenues. L'éducation des enfants a été négligée pendant la durée de la guerre. L'envoi du père au front, la faiblesse de la mère restée seule, le manque de surveillance, la mobilisation des professeurs, le spectacle démoralisant de tous les jours, toutes ces causes ont déterminé la diminution de la moralité des enfants. »

Mais l'augmentation de la criminalité des mineurs n'a pas été très grande en proportion (36 o/o) par rapport à l'augmentation de la criminalité des majeurs, laquelle a augmenté de 125 o/o par rapport à 1914.

L'accroissement très grand des infanticides et des avortements dont parle M. Radulescu, nous découvre l'augmentation de la criminalité féminine depuis la guerre. Nous observons donc dans ce pays les mêmes fluctuations que nous avons constatées aux autres pays précédemment étudiés.

CHAPITRE VI

LA CRIMINALITÉ DEPUIS LA GUERRE DANS CERTAINS AUTRES PAYS DE L'EUROPE

Malgré toutes nos espérances et tous nos efforts, nous n'avons pas pu avoir les statistiques des autres pays, qui seraient très intéressantes pour notre étude.

Depuis la guerre l'échange des statistiques criminelles a cessé et il n'y a pas d'autre moyen pour pouvoir les consulter, que de visiter ces pays, chose qui nous est à tous points impossible.

Dans la *Revue pénitentiaire* nous trouvons des renseignements épars sur la marche de la criminalité dans certains pays, seulement nous ne pouvons pas les exposer ici, puisque nous ne sommes pas en mesure de les contrôler et de chercher les causes de leur fluctuation.

Ainsi, nous trouvons dans la *Revue pénitentiaire* de l'année 1924 (p. 54 et 55) la marche de la criminalité en Finlande et au Luxembourg rapportée par M. Prudhomme.

Avec des chiffres il nous montre que la criminalité augmente en Finlande depuis la guerre. De 38.285

qu'était la moyenne des accusés devant les tribunaux de première instance pour les années 1912-1914, elle est montée à 40.681 pour les années 1918 et 1920 et à 53.639 en l'année 1923.

La récidive atteint un pourcentage très élevé : 51 pour les condamnés pour crimes graves ; les 61 o/o des condamnés de cette catégorie ont été condamnés pour vol.

Mais cette augmentation n'est que la suite d'une augmentation progressive commencée très avant la guerre, et, nous ne trouvons pas les éléments nécessaires pour voir dans quelle catégorie de crime il y a augmentation et s'il n'y a pas une autre catégorie qui a suivi une marche contraire. Ce qui paraît certain, c'est l'augmentation de la récidive et des vols.

De même nous trouvons pour le grand duché de Luxembourg un commentaire succinct de M. Prudhomme des statistiques pénitentiaires de ce pays, qui montrent une ascension de la criminalité depuis 1871. Mais nous ne pouvons non plus en tirer de conclusions puisque d'une part ces chiffres ne donnent que le nombre des emprisonnés et d'autre part, ils ne donnent aucune indication sur la marche des diverses catégories de crimes.

Pour notre étude, il serait très intéressant d'étudier le mouvement de la criminalité depuis la guerre en Allemagne, puisque ce pays a été le plus éprouvé par la guerre. Toutes les conséquences de la guerre, inflation, chômage etc. ont été manifestées à leur point extrême. Et ces conséquences de toute certitude ont exercé leur influence sur la criminalité. Mais malheureusement nous n'avons pu obtenir aucun renseignement à ce sujet.

CONCLUSIONS GÉNÉRALES

Nous regrettons une fois de plus de ne pas avoir pu étudier le mouvement de la criminalité depuis la guerre dans tous les pays qui y ont pris part, ce qui nous permettrait de tirer des conclusions générales sur l'influence des diverses causes produites par la guerre, sur la criminalité. Mais nous avons étudié les conséquences de ces causes sur la criminalité de certains pays et nous croyons, que nous pouvons, sans être trop téméraire, nous baser sur ces résultats pour tirer ces conclusions étant donné que dans tous ces pays les conséquences ont été semblables.

Nous avons en effet constaté les conséquences suivantes :

1° Diminution sensible du nombre général des affaires.

2° Diminution du nombre des délits de paresse, vagabondage et mendicicité.

3° Même diminution pour les délits de violence. Mais les crimes de sang ne présentent qu'uue faible diminution.

4° Accroissement des infanticides et des avortements.

5° Diminution des actes d'immoralité, mais accroissement des délits de la même catégorie, qui s'attachent au lien du mariage.

6° Accroissement constant des délits de cupidité et d'improbité ; vols et fraudes.

7° Augmentation de la criminalité féminine et des mineurs.

8° Diminution des suicides.

Ces conséquences sont de nature à étonner les criminalistes qui, comme Gabriel Tarde, s'attendaient à une recrudescence générale du crime. En effet qui pourrait songer que la guerre puisse causer une diminution de la criminalité ou du moins une diminution de certaines catégories de délits de la plus grande gravité ? Et pourtant la guerre européenne a eu précisément cet effet.

Quelles sont les conditions qui ont produit cet effet ?

On risque beaucoup en répondant à cette question parce que la science criminaliste n'a encore pu arriver à définir l'influence de chacun des facteurs du crime, que très vaguement. Pourtant, nous essaierons de rechercher l'influence des principales conditions qui ont dérivé de la guerre. Ces conditions sont d'ordre politique, d'ordre économique et d'ordre social et moral.

Conditions politiques

Les conditions d'ordre politique peuvent influencer la criminalité de deux manières :

D'une part par le mauvais fonctionnement de la justice répressive, qui donne l'impression, qu'il n'y a pas un gouvernement stable, et qu'il y a au contraire un aléa à la punition du coupable.

D'autre part, par la contamination produite par suite du frottement des peuples des diverses nations.

La première de ces circonstances a certainement produit son effet pendant la guerre, mais nous ne pouvons pas nous en rendre compte vu que les statistiques de ces années sont très imparfaites.

L'augmentation énorme de la criminalité féminine et des mineurs et son atténuation après la guerre, où les Gouvernements ont repris leur stabilité antérieure et sont devenus maîtres de la situation intérieure de leurs pays, sont peut-être l'indice de cette influence.

Quant à la deuxième circonstance, nous ne croyons pas, qu'elle a exercé une influence. G. Tarde dit à propos de la guerre mérovingienne, que le peuple gaulois et les peuples barbares étant venus en contact, ont échangé leurs vices et de là, la recrudescence de la criminalité, par l'imitation. Mais cela ne s'est pas produit pendant la grande guerre, parce qu'il ne s'agissait pas là de peuples d'inégal degré de civilisation, comme dans la guerre mérovingienne où la plus basse l'avait emporté sur la plus haute. Tout au contraire la guerre européenne avait été engagée entre des peuples du même degré de civilisation et si nous voulons faire une distinction, ce sont les nations du plus haut degré de civilisation ou du moins les nations qui prétendaient défendre la cause de la civilisation, qui l'ont emporté. Les Nations victorieuses n'ont pas eu l'ivresse de la satisfaction de leurs convoitises, qui inspire l'arrogance et l'irrespect des droits de son prochain ; mais vainqueurs et vaincus sont restés pensifs devant les innombrables ruines et se sont amèrement repentis de leurs actes.

C'est pourquoi, croyons-nous, le contact des peuples et les conditions politiques de la guerre en général n'ont pas avili la moralité de l'individu, ce qui aurait entraîné une recrudescence de la criminalité.

Les conditions économiques

Toutes les écoles aujourd'hui attribuent aux conditions économiques une part considérable dans la genèse du crime et même l'école marxiste les considère comme la cause unique de la criminalité.

La grande guerre a été grosse en conséquences économiques et il est intéressant de savoir quelles sont ces conséquences et si elles ont exercé une influence sur la criminalité.

Les conséquences économiques qui ont résulté de la guerre ont été étudiées par l'éminent professeur de la psychologie, l'auteur du *Milieu social*, M. G. Guilhermet, dans un rapport présenté à la Société générale des prisons (1). Dans ce rapport M. Guilhermet dit que « la grande guerre a donné naissance à deux phénomènes incontestables, l'un économique : la disparition du métal et son remplacement par une monnaie uniquement fiduciaire ; l'autre psychologique c'est la surexcitation des désirs et l'affaiblissement de la moralité générale ». Quant au second phénomène nous en parlerons plus loin à propos des conditions sociales et morales. Ici nous n'avons à retenir que le phénomène économique.

D'après l'auteur du rapport, la disparition du métal et son remplacement par une monnaie uniquement fiduciaire a eu deux conséquences. La diminution de la puissance d'achat de la monnaie d'une part, et la surexcitation des appétits (d'argent) de l'autre. La première de ces conséquences, d'après M. Guilhermet, n'a pas exercé aucune influence, puisqu'elle a pesé sur les classes moyennes, surtout sur la classe des fonctionnaires et des rentiers, dont la moralité a été assez forte pour résister à ces épreuves.

1. G. Guilhermet, *Les conditions économiques actuelles de la criminalité* (*Revue pénitentiaire*, année 1924, p. 126 et suiv.).

Nous croyons au contraire que cette conséquence a été la principale et la cause de la seconde. Nous ne pouvons pas croire que la dépréciation de la monnaie a été étrangère aux nombreuses ruptures des fortunes et à la création de nombreuses autres élevées du zéro. L'inflation qui s'est manifestée à son point extrême quelques années après la guerre et qui a causé autant de troubles économiques dans les divers pays, si elle n'a pas exercé une influence sur les classes des fonctionnaires et des rentiers, elle n'a pas été moins la cause des spéculations et des fraudes commises par la classe des commerçants. C'est cette dépréciation de la monnaie, qui a facilité ces opérations improbes mais bien fructueuses, et qui a allumé les désirs d'enrichissement. Nous pensons donc que c'est la dépréciation de la monnaie avec les autres difficultés économiques présentées par la guerre, qui ont allumé les désirs d'enrichissement et ont été la cause de l'augmentation des délits d'improbité et de fraudes que nous avons constatée dans les divers pays. La facilité de l'enrichissement rapide dû à ces conditions, a détourné les gens du travail honnête et les a poussés vers les spéculations et les fraudes. Cela se manifeste dans les statistiques par les gros chiffres des délits de ravitaillement, de spéculation illicite, et des fraudes commerciales. Et encore ce sont ces conséquences économiques, croyons-nous, qui sont la cause de l'accroissement des vols, parce que les gens qui ne peuvent pas commettre de spéculations illicites et de fraudes commerciales, comme ne possédant rien, il est tout naturel qu'ils commettront des vols.

En dehors de ces conséquences économiques, il y en a d'autres qui ne se sont manifestées que quelques années après la guerre. C'est le paiement des frais de la guerre.

Pendant la guerre les Etats ont fait de folles dépenses ce qui, a donné naissance à une apparence de prospérité, puisque ceux qui ont pu travailler pendant ces années, ont été bien rémunérés. Et nous avons dit que la diminution du vagabondage et de la mendicité est due à ces conditions du travail. Mais après la guerre ces dépenses devaient être recouvrées. De là les impositions les plus opprimantes et l'inflation sans mesure, qui ont causé une véritable anarchie dans la production et le commerce et de là les millions de chômeurs et les innombrables faillites. Ces conditions économiques d'après guerre sont de toute évidence les causes de la continuation de l'accroissement des délits contre les propriétés pour lesquels rien ne nous permet l'espoir d'une diminution éventuelle dans un proche avenir.

Les conditions sociales et morales

Depuis la guerre, la lutte des classes est passée de son état théorique et empirique, dans un état réaliste et pratique.

La solidarité de classes tend de plus en plus à se substituer à la solidarité nationale. Les tendances socialistes, et même les plus extrémistes d'entre elles, gagnent du sol de plus en plus. Ces nouvelles conditions sociales ont-elles aggravé la criminalité?

Nous croyons que non. Ce mouvement, non seulement n'a pas eu pour effet d'aggraver la criminalité mais tout au contraire l'a atténuée, puisque les idées professées par ces tendances sont humaines et altruistes. Il est vrai que ce mouvement a considérablement augmenté les crimes politiques, mais ces crimes n'ont rien de commun avec la criminalité du droit commun et ils ne sont que la manifestation de la réaction de l'organisme social, qui est la conséquence de tout progrès.

Quant aux conditions morales, elles paraissent avoir exercé une grande influence.

M. Guilhermet, dans son rapport précité, dit, que la moralité a baissé depuis la guerre. Cela paraît exact, si on entend ce mot dans le sens donné par le christianisme.

La morale de la religion, qui était un frein puissant contre certaines infractions parmi les croyants, est considéré depuis la guerre comme une superstition absurde et inutile. Tout acte n'est plus regardé comme conforme ou contraire aux préceptes de la religion, mais d'après son utilité et sa punition par la loi pénale. Ces nouvelles conceptions de la morale ont apparu bien avant la guerre, mais depuis elles ont fait de grands progrès. Elles sont plus étroites que celles de la morale religieuse en ce qu'elles laissent hors de marge certains actes autrefois réprimés par la morale religieuse. Ainsi les relations sexuelles ne sont plus un moyen de perpétuer la race, mais une fin (1) et le mariage n'est qu'un moyen à cette fin et un moyen pas du tout indispensable. De là la désagrégation de la famille et la diminution de la population, fait qui se manifeste dans la statistique criminelle par l'augmentation des adultères, des infanticides et des avortements. Et nous croyons que cet abaissement de la moralité religieuse, qui affecte surtout la moralité des familles, n'est pas étranger à l'augmentation de la criminalité féminine et des mineurs.

Par contre les nouvelles conceptions de la morale, sont plus humanitaires et altruistes. La solidarité humaine s'entend aujourd'hui dans son sens le plus large. Les bases de cette solidarité ne sont plus théologiques, mais utilitaires, et partant plus solides, parce qu'elles ne reposent pas sur une contrainte morale, mais sur la liberté. Cela peut-être explique la diminution des actes de violence.

1. Guilhermet, Rapport précité.

BIBLIOGRAPHIE

Compte général de l'administration de la justice criminelle en France, années 1913, 1919, 1920, 1922.

Statistique judiciaire de la Belgique, années 1913, 1914, 1915, 1916, 1919 et 1920.

Statistique criminelle de la Grande-Bretagne, années 1913 à 1924.

Revista pénale. Bucarest, année 1925.

Revue pénitentiaire, années 1913 à 1924.

Enrico Ferri. — Sociologie criminelle.

Gabriel Tarde. — La criminalité comparée.

Louis Sadoul. — La criminalité d'après guerre (*Journal des Débats* du 21 septembre 1923).

E. Garçon. — La criminalité pendant la guerre (*Le temps* du 6 mai 1921).

Crime and its Punishment. *Times* de Londres du 30 mars 1926.

Skilled criminals increasing. *Times* de Londres du 30 mars 1926.

Statistica della criminalita d'Italie, années 1910, 1914-1919.

La scuola positiva. *Rivista di Diritto e procedura penale*. Rome.

Georges Dumas. — Troubles mentaux et troubles nerveux de la guerre. Paris, Alcan.

Van Kahn. — Les causes économiques de la criminalité.

Vu : le Président de la thèse,
DONNEDIEU DE VABRES

Vu : Le Doyen,
BERTHÉLEMY

Vu et permis d'imprimer
Le Recteur de l'Académie de Paris
P. LAPIE

TABLE DES MATIÈRES

ÉTUDES STATISTIQUES SUR LA CRIMINALITÉ DEPUIS LA GUERRE

7130 — Imp. de la Faculté de Méd.. Jouve et Cie, 15, r. Racine Paris - 5-1926

www.ingramcontent.com/pod-product-compliance
Ingram Content Group UK Ltd.
Pitfield, Milton Keynes, MK11 3LW, UK
UKHW021545260726
13993UKWH00002B/641

9 782329 033501